뉴로컬리즘으로
승부하라

이제 글로벌리즘은 죽었다

뉴로컬리즘으로 승부하라

| 곽정섭 지음 |

청년이여, 로컬의 힘으로 글로벌을 뛰어넘어라

뉴로컬리즘은 로컬의 강점을 활용하여 글로벌 경쟁력을 갖추는 방법론을 제시합니다.
이 책을 통해 로컬의 무한한 가능성을 발견하세요.

좋은땅

들어가는 말

　필자는 서울 태생으로 글로벌 위주의 30여 년 커리어를 쌓아 왔습니다. 여러 글로벌 사업에서 핵심 임원으로 활동하였고, 이런 경험을 바탕으로 대학에서 관련 강의를 해 왔습니다.

　이후 최근 5년간은 경남의 제조산업 현장에서 경영에 매진했고 이 시기의 경험이 저에게는 가장 값진 기억으로 남아있습니다.

　경남이라는 지역 사회에서의 5년여 간의 삶은 저에게는 즐겁고 좋은 추억으로 남아 있고 여전히 이곳에서 좋은 선후배와 함께 여정을 이어가고 있습니다.

　지역 사회의 미래인 많은 청년들이 탈지역, 인서울하는 모습에 나름 충격을 받았고 결국은 이러한 흐름이 지역(고향)소멸로 이어지기에 심각한 위기의식과 더불어 많은 안타까움을 갖게 되었습니다.

　제2의 고향이라고 생각할 정도로 소중한 제 삶의 터전이자 소중한 기억으로 가득 찬 이곳에서, 왜 많은 젊은이들이 좌절과 실망을 겪고 고향을 등지고 있는지?

왜 많은 기회와 가능성이 풍부한 로컬의 중요성과 가치를 인지하지 못하는지?

너무나 안타깝고 아쉬운 마음과 새로운 시각에서 우리 지역의 문제를 바라보고, 해결하는 데 조금이나마 도움이 되고자 집필하게 되었습니다.

이 책은 기성세대와 청년들이 서로의 경험을 나누고, 소통하며 함께 성장하는 과정을 담고 있습니다. 각자가 겪는 도전과 고난 속에서도 서로의 이야기를 경청하고, 함께 해결점을 찾아가는 것이 얼마나 중요한지를 깨닫게 될 것입니다.

이 책은 단순한 이론서에 그치지 않고, 다양한 인물의 목소리를 통해 현실적인 메시지를 전달하고자 합니다. 행정 책임자, 국회의원, 대학총장, 기업 CEO, 지역 청년들까지, 다양한 계층과 그들의 각기 다른 시각에서 바라본 지역 경제와 공동체의 중요성을 이야기합니다. 우리는 꿈을 나누고 성장할 수 있는 방법을 모색하며, 더 나은 미래를 위한 길을 함께 만들어 나갈 것입니다.

저자는 항공사 Million Mileage(밀리언 마일리지) 이상의 비행을 기록하며 수많은 해외 출장을 다녔고, 그 여정 속에서 자연스럽게 글로벌 비즈니스 마인드와 인사이트가 배양되었습니다.

특히 인도만 해도 100회 이상 오가며 일에 몰두한 나머지, 많은 이들이 첫 방문에 반드시 찾는다는 그 유명한 타지마할조차 한 번을 들르지 못했습니다. 그만큼 치열한 글로벌 비즈니스 경쟁에서 성과를 만들기 위해서는 부단히 노력하고 열정적으로 몰입을 해야만 했습니다.

이후 5년여간 경남 자동차 부품 제조업체에 근무했습니다. KTX로 500회 이상 서울과 남쪽 지방을 오가며 스쳐 지나가는 낙동강이 흐르는 풍경 속에서 제 삶과 경험이 로컬에 어떤 기여를 할 수 있을지 깊게 고민하게 되었습니다. 그러한 생각과 고민, 그리고 그 찰나의 인사이트와 감동을 글로 담아냈습니다.

이 책은 다양한 경험과 깊은 사유를 통해 얻게 된 지혜의 결실로 독자에게 영감을 주기 위해 쓰였습니다.

여기서 다루는 이야기는 지역의 작은 변화가 어떻게 글로벌 무대에서 큰 파장을 일으킬 수 있는지를 보여 줄 것입니다. 서로의 경험을 나눔으로써, 우리는 고향에서 시작하여 세계로 뻗어 나가는 꿈을 꿀 수 있습니다. 각자의 분야에서 최선을 다하는 이들이 모여 서로를 격려하고 지원함으로써, 우리가 함께 만들어 갈 미래의 가능성을 탐구해 나갈 것입니다.

1부에서는 바로 지금 한국과 로컬의 미래를 통해 우리의 현재 좌표를 제시하였고, 2부에서는 서울을 넘어 뉴로컬리즘의 무대로 가는 길을 만들었으며, 3부에서는 청년과 기성세대가 해야 할 To Do List를 제시하여 변화와 혁신을 만들어 나갈 수 있도록 하였습니다. 나아가 AI 리부팅 코리아로 향후 우리의 비전과 과제를 명확히 제시했습니다.

글로벌 마켓의 성장과 그에 따른 성취는 각 국가의 로컬 경제의 발전과 밀접하게 연결되어 있으며, 지역의 강점을 살리는 것이 글로벌 경쟁력을 높이는 지름길임을 본서에서는 강조하고 있습니다.

이 책을 통해 서로의 이야기를 나누고 이해하며, 고향에 대한 애정과 책임감을 다시 한번 되새기기를 바랍니다. 우리는 각각의 로컬에서도 충분히 글로벌 경쟁력을 갖춘 존재로 성장하고 자리매김해 나갈 수 있습니다. 독자 여러분이 로컬의 힘을 깨닫고, 기성세대가 로컬 비전 실현의 인프라를 만들어 가며, 그 안에서 많은 청년 인재들이 지역 사회의 성장과 발전에 주도적인 기여를 하고, 보람과 성공을 이루기를 기원합니다.

마지막으로 특별한 가능성의 빛을 누구나 갖고 있습니다. 내 안의 소중한 그 빛이 찬란한 햇빛이나 달빛, 별빛으로 인해 바래지고 사라지지 않게 내 존재의 절대적인 가치와 가능성을 믿어야 합니다.

그리하여, 아무도 가지 않은 길로 용기 있게 한 걸음 내딛는 것이 눈부신 변화의 시작이 될 것입니다.

이 길을 걸어가는 모든 이에게 진심 어린 축복을 전합니다.

차례

들어가는 말 · 005

- 뉴로컬리즘의 선언 · 013
- 뉴로컬리즘의 정의 · 016

1부 바로 지금 한국과 로컬의 미래

1. 바로 지금 한국 · 022

(1) 우리의 뿌리가 흔들리고 있다는 사실, 느끼고 계십니까? · 022
(2) 땀의 가치를 잊었더니 더 거세진 삶의 무게 · 030
(3) 콘텐츠는 K인데, 통장은 USD · 036
(4) 미래 세대를 향한 절호의 타이밍 · 040
(5) 한국의 변화하는 정체성 · 046

2. 로컬의 미래 · 053

(1) 뉴로컬리즘 선언과 우리나라의 전략 · 053
(2) 글로컬의 의미와 시대적 배경 · 060
(3) 글로벌 시장에서의 로컬 브랜드와 기업의 경쟁력 · 066
(4) 시야를 새롭고 낯선 곳으로 · 073
(5) 글로벌 유연성과 도전정신 · 080

(6) 로컬강점 자원의 활용과 지속 가능성　　　　　　　　　　087

2부　서울을 넘어 뉴로컬리즘의 무대로

3. 서울을 넘어 ··· **094**
　(1) 서울을 뛰어넘는 AI와 데이터의 힘　　　　　　　　094
　(2) 남들이 가지 않은 길 위에 나만의 꽃이 핀다　　　　101
　(3) 새로운 언어를 배우고 나를 낯선 곳에 데려다 놓기　107
　(4) 서울의 성공 모델의 한계　　　　　　　　　　　　113
　(5) 서울에선 별이 보이지 않지만, 로컬에선 꿈이 보인다　122
　(6) 로컬의 잠재력이 주목받는 이유　　　　　　　　　129
　(7) 로컬 문화의 다양성과 정체성　　　　　　　　　　138

4. 뉴로컬리즘의 무대로 ·· **143**
　(1) 로컬의 특장점이 환영받는 시대가 왔다　　　　　　143
　(2) 로컬의 숨겨진 매력　　　　　　　　　　　　　　148
　(3) 파도가 설계한 해안선, 로컬이 설계할 미래　　　　152
　(4) 로컬의 기회, 새로운 가능성을 열다　　　　　　　　155
　(5) 해외 자본의 눈길, 로컬 시장으로 향하다　　　　　160
　(6) 로컬 기업의 HR 전략으로 우수 인재가 몰려온다　　166

3부 To Do List

5. 청년 세대의 To Do List ········· 174

　(1) 마음의 근육을 키워 고(苦)에서 낙(樂)으로 승화　174
　(2) 적응력과 추진력의 배양　184
　(3) 글로벌 시각을 키워라　189
　(4) 창의적 콘텐츠 개발　196
　(5) 연결의 힘을 활용하라　200
　(6) 로컬 발전을 위한 혁신적인 아이디어 제안　209
　(7) 협상의 마법과 소통의 기술　219

6. 기성세대의 To Do List ········· 233

　(1) 뉴로컬리즘으로 가는 정책 제안과 실행　233
　(2) 소가 밭 갈던 시대에서 AI를 경험한 유일한 세대로서 해야 할 일　237
　(3) 멘토십의 중요성, 경험과 지식의 전달　245
　(4) 글로벌 시장을 염두에 둔 지역 자원의 활용　254
　(5) 청년과 함께 만들어 가는 미래　258
　(6) 지역 자원 분석 및 활용 방안 모색　268
　(7) AI 리부팅 코리아　274

맺음말　295

뉴로컬리즘의 선언

지금 한국 사회는 심각한 위기에 직면해 있습니다. 정치적, 사회적으로는 좌우, 동서지역, 세대, 젠더로 나뉘고 분열되고 갈등이 심화되고 있습니다.

저출생 초고령사회로 전환되어 생산 가능 인구 감소, 이에 따라 소득 및 소비 감소에 따른 내수 위축으로 자영업의 불황, 수출기업의 글로벌 점유율 하락 및 이익 감소, 장기화된 경기침체에 따른 세수 결손으로 국가 재정 건전성 훼손 등 나열하기 힘들 정도로 여러 산적된 문제들이 우리에게 주어지고 있습니다.

외부적으로는 보호무역주의, 지역주의에서 비롯되는 무역장벽으로 인한 수출경쟁력 저하와 중국발 디플레이션으로 우리 산업의 전 방위적인 경쟁력 약화, 내부적으로는 앞에서 언급한 정치, 사회적으로 분열과 갈등이 지속, 심화하고 있고 인구 구조 변화에 따른 생산성 감소, 지방 소멸 위기등이 국가의 존립을 거론할 정도로 심각한 상황입니다.

필자의 고민은 이 지점에서 어떻게, 뭘 하는 것이 우리나라의 밝은 미래를 담보하는 길인가?

그리고 소위 N포세대라 지칭되는 우리 청년들에게서 체념, 포기, 좌절을 걷어내고 꿈과 희망을 갖고 열정적으로 도전하며 성취하는 길을 제시할 수 있을까 하는 데서 비롯되었습니다.

학벌 위주의 학력사회, 인재들의 의대편중, 수도권 집중화와 같이 수직서열적이고 중앙 집중화된 사회(생태계)에서는 대다수의 플레이어에게 기회는커녕 체념과 좌절만을 안겨 줄 뿐이기에 이제는 달라져야 합니다.

지역에서도 특화된 우수한 교육기관이 존재하고, 여기에서 우수한 지역 인재들이 배출되어 해당 지역의 기업들이 글로벌 경쟁력을 갖추는데 기여할 수 있는 선순환 생태계를 만들어 가는 것이 무엇보다 중요합니다.

뉴로컬리즘 선언문

1. 수직적, 권위적, 획일적 중앙집중화에서 벗어나 수평적 다양성이 인정받는 지역주도 발전사회!

2. 도전적인 기업가정신이 넘쳐나는 진정한 혁신사회!

3. 높고 낮음이 없이, 개성을 살리는, 창의성이 폭넓게 존중받는 열린사회!

이와 같이 만드는 것이야말로 우리가 살고 앞으로 나아갈 수 있는 뉴로컬리즘의 시작인 것입니다.

이제 저와 함께 뉴로컬리즘의 세계로 들어가시지요.

뉴로컬리즘의 정의

    1995년 WTO(세계무역기구) 출범 이후 글로벌라이제이션(세계화)은 마치 팬데믹과 같이 세계를 휩쓸며 자유무역의 첨병 역할을 수행했습니다.

    하지만 2015년 이후 FTA 체결이 활발해지고 경제통합이 된 EU나 NAFTA 같이 역내 무역 자유화가 활성화되는 일부 선진국들이나 블럭 위주로 무역 질서 재편이 이뤄졌습니다.

    이 시기 많은 개발도상국들이 이러한 질서재편에서 소외되어 국가 간의 불평등은 점차 심화되었습니다. 이후 2017년 트럼프 집권 이후 보호무역주의와 지역주의가 대두하며 사실상 WTO의 자유무역체제는 붕괴되었다고 봐도 무방할 것입니다.

    한국도 무역에서 해외 영토 확장이라는 미명 아래 수많은 기업들이 중국, 동남아, 인도, 북중미, 남미, 동유럽 등지에 진출하며 해당 국가의 발전에 많은 기여를 하고 있습니다.

    기업투자유치에 성공한 해당국들은 낙후된 로컬에서 기업 생산활동을 원활히 수행키 위해 도로, 전력통신망, 학교, 의료시설, 쇼핑센터, 항만, 공항 등 각종 인프라 건설을 꾀하며 로컬의 성공적인 발전을 이뤄 나가고 있습니다.

기업 제조시설 유치로 인한 대규모의 고용 창출과 소득 증대, 내수소비 증대, 세수 증대, 인프라 건설에 따른 일자리 창출 등이 선순환 경제로 이어지며 해당국의 성공적인 지역 균형 발전 모델의 원동력이 되고 있습니다.

이와 같이 세계 각국은 글로벌리즘이라는 명분과 수단으로 자국의 로컬을 개발하고 발전시키기 위해 치열한 경쟁을 하고 있습니다. 결국 글로벌리즘은 로컬리즘의 달성을 위한 명분이자 수단이며 필요조건입니다.

자유무역체제가 위협받는 작금의 현실에서 더욱더 로컬의 발전이 국가 발전의 큰 원동력이 되려면 글로벌리즘의 본질이 로컬리즘의 성공에 맞닿아 있음을 잊지 말아야 하겠습니다.

한국은 저출생 초고령사회로 전환됐고 이에 따라 지방 소멸, 인구 소멸이 가시화되는 이 시점에 지역을 복원하고 재생하고 활성화시키지 못한다면 국가의 미래도 더는 없을 것입니다. 부분은 전체를 내포하지만 전체는 부분을 온전히 대변하지 못한다는 말에서 부분(로컬)의 중요성을 누구나 인지할 것입니다.

바로 이 전제에서 뉴로컬리즘의 정의는 시작합니다. 단기간에 수출 주도의 고도 압축 성장과 민주화를 이룩한 대한민국은 중진국 함정(middle income trap)을 벗어나 선진국에 진입한 마지막 국가일 것입니다. 하지만 선진국 진입 이후 빠르게 초고령 저출생 사회로 전환되고 닥쳐올 인구 소멸의 절벽을 향해 나아가고 있습니다.

이에 더해 국제무역환경의 부정적 변화와 더불어 강력한 경쟁자 중국의 부상으로 전 방위적인 산업경쟁력 약화까지, 참으로 절체절명의 기로에 서 있다 아니할 수 없습니다.

이러한 내우외환의 상황에서 국가 미래를 담보할 수 있는 길은 각각의 로컬들이 고유한 특성과 잠재력을 극대화해 글로벌 경쟁력을 확보해서 지역 주도 성장의 주체로 자리매김하는 데 있습니다.

세계 속에 매력 있고 경쟁력 있는 로컬로서의 포지셔닝이야말로 뉴로컬리즘의 본질인 것입니다.

자유무역체제의 위기 속에서 단언컨대 글로벌리즘은 때로는 로컬리즘의 형태로 전환되고 반영이 되듯이 글로벌리즘과 로컬리즘은 상반되고 대립되는 개념이 아닙니다.

동전의 양면과 같이 달라 보이나 사실은 하나의 실체로 존재하는 상호보완적이고 유기적인 개념일 것입니다.

글로벌을 지향하는 로컬의 특화된 경쟁력을 배양하고 그 성취된 결과가 로컬에서 공유되고 순환되는 선순환 로컬산업 생태계를 만드는 것이 미래를 위한 우리의 사명이 될 것입니다.

1부

바로 지금 한국과 로컬의 미래

1

바로 지금 한국

(1) 우리의 뿌리가 흔들리고 있다는 사실, 느끼고 계십니까?

한국은 과거 글로벌 경제에서 중요한 위치를 차지해 온 국가 중 하나입니다. 특히 자동차, 조선, 철강, 석유화학, 배터리, 반도체, 스마트폰, 디스플레이 산업 등은 한국 경제의 근간을 이루며, 국가 발전에 중대한 기여를 해 왔습니다. 그러나 최근 몇 년 동안 이러한 산업들이 위기를 맞으며 제조강국 한국의 글로벌 위상이 점차 낮아지고 있습니다.

한국 제조업의 위기는 외부적으로는 글로벌 무역 환경의 변화(자국우선주의 심화, 무역장벽, 국가기술 패권주의 등)와 레드테크 굴기를 기반으로 한 중국의 강력한 부상, 내부적으로는 각종 규제와 노동시장의 경직성, 저출생 초고령화로 인한 생산가능인구의 감소, 우수 인재 및 첨단산업기술의 해외 유출 등에서 비롯되어 점차 심화되고 있습니다. 특히 중국은 정부의 무한대에 가까운 지원(보조금)에서 비롯된 최신 설비 투자와 강력한 R&D로, 가격경쟁력과 품질을 양손에 쥐고 한국 주력산업의 글로벌 점유율을 빠른 속도로 잠식하고 있습니다.

　대한민국의 노동시장은 민노총과 금속노조 등의 산별노조, 그 하부에 현대자동차노조와 같은 소위 대기업 귀족강성노조 등의 존재와 해고예고수당, 주휴수당, 주 52시간 근무제로 인한 노동시장의 경직성으로 날로 격화되는 글로벌 경쟁에서 경쟁력을 상실하고 있습니다.

　이는 적절한 시기에 경쟁력 강화를 위한 선제적인 기업 구조조정과 전략적인 자원 재분배등을 저해하며 특히 첨단산업기술 분야의 R&D를 약화시키고 다급한 수출 케파 증대의 경우 기업이 적절한 대응이 힘들어집니다. 결국 노동시장의 경직성이 기업의 유연한 인력조정을 가로막고 이로 인해 고용 창출과 외자 유치가 힘들어지고 전반적으로 산업 경쟁력을 약화시키게 됩니다.

　EU 국가 및 경제대국들의 R&D 부문은 유연근무제 및 자율근무시간 제도를 실시하여 창의성과 생산성을 높이고 있습니다. 구글의 경우 주 업무 이외에 20% 시간 추가 할애 가능, 드롭박스는 하이브리드 근무제 등으로 연구원들에게 보다 유연한 환경을 제공합니다. 한국의 경우 노동 경직성으로 인해 개발 일정의 지연이나 프로젝트 수행에 큰 어려움을 근로현장에서 겪고 있습니다.

　지역경제에 부정적인 영향을 끼친 사례로 군산을 들고 있습니다. 지역 경제의 대표주자인 군산은 조선업과 자동차 산업의 중심지였으나, 산업 구조의 변화와 글로벌 경쟁에서 뒤처지면서 경제가 크게 위축되었습니다. 이러한 지역 경제의 위기는 고용 불안정을 초래하고, 주민들의 생활수준을 저하시켰습니다.

또한 국내 공장들과 기업들이 인건비 절감과 사업 유연성을 위해 베트남과 같은 저렴한 노동력을 가진 국가로 공장을 이전하고 있습니다. 최근 국내 한 제철공장 노조의 과잉 상여금 요구가 있었던 기업은 관세 문제 해결까지 고려해 미국 이전을 결정하였습니다. 이는 국내 일자리 감소와 함께, 노동시장의 경쟁력을 약화시키는 원인이 됩니다. 기업의 해외 이전은 결국 지역 경제에 부정적인 영향을 미치고 있습니다.

자동차 산업의 경우, BYD가 자율주행 기술을 앞세워 한국 시장에 전기차를 대량 출시하면, 현대차와 기아는 더욱 치열한 경쟁 환경에 직면하게 될 것입니다. 현재 국내 시장에서 현대차와 기아는 내연기관 차량으로 80% 이상의 점유율을 자랑하지만, 전기차 시장에서는 상황이 다릅니다. 지난해 기준 이들의 전기차 점유율은 약 40%에 그쳤습니다.

테슬라의 완전자율주행(FSD) 기술이 국내에 도입되면 그 시장 점유율은 더욱 확대될 것으로 예상되고, 이는 현대차와 기아차에게 심각한 위기 신호가 될 것입니다. 이러한 경쟁 압박 속에서 현대차는 전기차 시장에서의 입지를 강화하지 않으면 생존이 위협받을 수 있는 상황에 놓여 있습니다.

반도체 산업에서도 위기가 감지되고 있습니다. 한국은 반도체 분야에서 세계적인 경쟁력을 지니고 있었지만, 최근 중국 정부의 대규모 지원과 투자로 인해 중국의 반도체 산업이 급성장하고 있습니다. 한국의 주요 반도체 제조업체들은 기술 혁신과 연구개발에서도 국제 경쟁력이 떨어지고 있습니다. 중국의 빠른 추격에 대응하기란 쉽지 않습니다.

중국의 창신반도체와 같은 경쟁자들이 급격히 성장하며 시장 점유율을 확대하는 가운데, 삼성은 과거 세계 최초의 기술 발표로 혁신의 선두 주자로 자리매김했던 위상을 잃어 가고 있습니다. 특히, 전 세계적으로 유례없는 의대 지상주의가 과학 인재들에 대한 관심을 뒷전으로 밀어내면서, 삼성과 같은 기술 기업들이 필요한 인재를 확보하기 어려운 상황에 직면하고 있습니다.

삼성은 과거 256M D램 메모리 반도체를 세계 최초로 상용화하는 등 기술 혁신의 아이콘으로 불렸지만, 이제는 그러한 혁신적 변화가 눈에 띄지 않으며, 새로운 기술 개발에서 뒤처진다는 비판이 제기되고 있습니다. 이러한 맥락에서 삼성의 지속적인 성장은 위협받고 있으며, 과거의 명성을 유지하기 위해서는 과학 인재와 혁신을 동시에 확보하는 노력이 절실히 필요합니다.

또한, TSMC(대만 반도체 제조 회사)와 같은 경쟁자가 급격히 성장하면서 시장 점유율을 확대하고 있습니다. 한국 반도체 기업들이 세계 시장에서 지속 가능한 경쟁력을 유지하기 위해서는 연구 개발 투자와 혁신이 필수적입니다. 그 결과, 한국의 반도체 산업의 글로벌 시장 점유율은 점차 감소하고 있으며, 이는 한국 경제의 성장 잠재력을 위협하는 요소로 작용하고 있습니다.

철강, 석유화학, 전자 또한 한국 경제의 중요한 축 중 하나였으나, 최근 들어 중국의 철강, 석유화학, 전자업체 들과의 경쟁에서 어려움을 겪고 있습니다. 과거 한국의 철강, 반도체 산업은 세계 시장에서 독보적인 위치를 차지하였으나, 현재는 중국의 저가 수출과 기술력 향상으로 인해 위기를 맞고 있습니다. 이러한 상황은 고용률 감소와 지역 경제의 침체로 이어지고 있으며, 철강, 석유화학, 반도체, 전자 산업이 한국 경제에 미치는 영향은 매우 큽니다.

결국, 우리의 경제를 지탱하던 근간이 약해지고 있는 것은 매우 심각한 문제입니다. 한국은 이러한 위기를 극복하기 위해 새로운 전략과 혁신을 모색해야 합니다. 과거의 성공에 안주하지 않고, 변화하는 시장 환경에 적극적으로 대응하는 것이 필수적입니다. 이를 위해 정부와 기업, 연구소가 협력하여 기술 혁신과 인재 양성에 힘써야 하며, 지속 가능한 발전을 위한 노력이 필요합니다.

한국이 잘 해왔던 제조업, 반도체, 조선업의 재건을 위해서는 모든 구성원이 힘을 모아야 합니다. 과거의 영광을 잊지 않고, 그 경험을 바탕으로 새로운 미래를 열어갈 수 있는 계기를 만들어야 하겠습니다.

더불어 초고령화 사회와 인구 감소는 경제 성장의 잠재력을 제한하고 있습니다. 노동력 부족 문제는 모든 산업에 영향을 미치며, 이는 생산성과 경쟁력 저하로 이어질 수 있습니다.

노벨 경제학상을 수상한 폴 크루그먼은 한국의 노동시장 경직성이 경제 성장에 부정적인 영향을 미친다고 여러 차례 언급했습니다. 그는 과도한 규제가 고용의 유연성을 저해하고, 이는 청년 실업률을 증가시키는 원인이라고 주장했습니다. 특히, 그는 "고용 보호법이 지나치게 엄격하면 경제 전체의 경쟁력을 약화시킨다"는 점을 강조했습니다.

부연하면, 주 52시간 노동시간 규제와 같은 노동시장 경직성 심화는 지역경제 위축과 기업/공장의 해외 이전으로 이어지고 있고, 산업 구조 변화와 국경 없는 혁신 경쟁 등으로 국가 경쟁력 저하는 더욱 심화되고 있습니다.

이러한 문제들은 고용 창출에 악영향을 미치고 있으며, 노동시장 유연성을 높이기 위한 정책적 노력이 절실히 요구되고 있습니다. 이를 통해 경제적 효율성을 높이고 지역 경제를 회복할 수 있는 방안이 필요합니다.

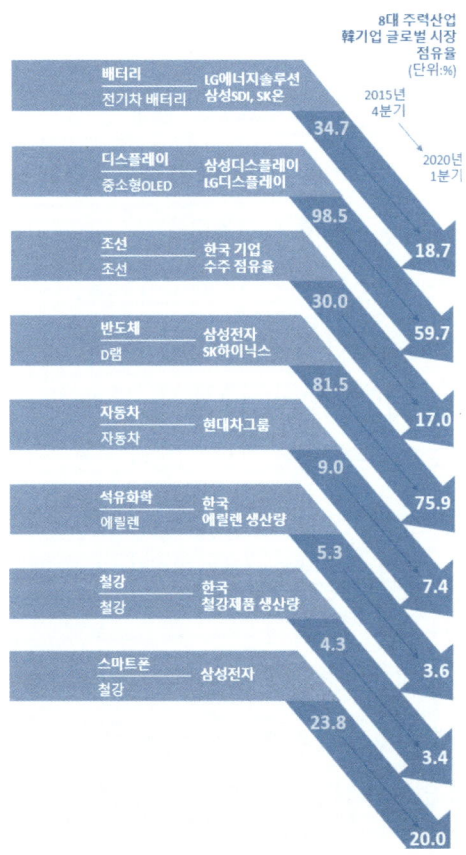

8대 주력산업 글로벌시장 점유율
출처: 산업연구원

우리의 뿌리가 흔들리는 소리를 듣는다면, 그것은 우리가 더 나은 미래를 위해 결단해야 한다는 메시지입니다.

한국의 산업이 세계 시장에서 다시 일어설 수 있도록, 우리가 가진 모든 열정과 자원을 쏟아붓는 것이 우리의 책임입니다.

(2) 땀의 가치를 잊었더니 더 거세진 삶의 무게

우리는 어디로 가고 있는가? 한국 제조업의 위기와 그림자

우리 청년 세대 및 일부 기성세대도 겪지 못했지만 좀 거슬러 올라가 보면, 한국 전쟁(1950~1953) 이후, 기성세대는 폐허가 된 나라에서 새로운 국가를 세우기 위해 많은 노력을 기울였습니다. 이 시기에는 산업화가 시작되었고, 국가 차원에서 경제 성장을 위한 다양한 정책이 시행되었습니다.

중화학공업화 정책(1960년대~1980년대)과 수출 주도형 경제 모델은 저렴한 노동력과 국가의 강력한 지원을 바탕으로 한국 제조업의 기초를 다졌습니다. 이 과정에서 기성세대는 열악한 노동 환경 속에서도 힘든 일을 마다하지 않고 경제 발전에 기여했습니다.

기성세대는 경제적 안정과 사회적 발전을 위해 개인의 희생과 노동을 중시했습니다. "고생하면 성공한다."라는 가치관이 널리 퍼져 있었으며, 이는 그들의 삶의 방식에 깊이 뿌리내렸습니다. 이러한 가치관은 가족과 지역 사회의 기대에 부응하는 방식으로 형성되었습니다.

기성세대는 추위를 이겨 내고, 혹은 더운 날씨에 비지땀을 흘리며 열악한 환경 속에서도 일해 왔습니다. 그들은 뼈를 깎는 고통을 감수하며 지금의 한국 제조업을 일구어 냈습니다. 하지만 지금의 MZ 세대는 그들과는 다른 환경에서 자라고 있습니다. 고생을 시키고 싶지 않다는 부모의 염원이 오히려 제조업의 기반을 약화시킨 것은 아닌지, 우리는 스스로에게 묻지 않을 수 없습니다.

더불어 경제적 안정과 정보화 시대의 혜택을 누리며 성장했습니다. 부모 세대가 어려움을 겪으며 세운 기반 위에서 자란 MZ 세대는 상대적으로 경쟁이 덜한 환경에서 자랐고, 다양한 선택지를 가질 수 있었습니다.

MZ 세대는 교육의 기회가 확대된 세대입니다. 부모 세대가 겪었던 노동의 고통을 자녀에게 물려주고 싶지 않다는 염원은 자연스럽게 더 나은 교육과 삶을 지향하게 만들었습니다. 이로 인해 그들은 안정적이고 만족스러운 직업을 추구하게 되었습니다.

또한, 개인의 가치와 삶의 질을 중시하는 경향이 있습니다. 고된 노동 대신 자기 발전과 행복을 추구하는 이들의 태도는 제조업 같은 전통 산업에 대한 관심이 줄어들게 만들었으며 제조업에 대한 매력을 느끼기 어려워졌습니다.

현재 우리나라의 제조업은 심각한 위기에 처해 있습니다.

한국의 제조업은 과거의 영광을 잃어 가고 있습니다. 팬데믹과 같은 외부 충격뿐만 아니라, 해외로의 제조업 이전과 기술 혁신의 부재 등이 그 원인으로 작용하고 있습니다. 특히, 지역의 청년들이 제조업에 대한 기피로 인해 일자리를 찾지 않고, 외국인 노동자들로 지역이 가득 차는 현상은 고용 시장에 심각한 불균형을 초래하고 있습니다. 왜 청년들은 이러한 일자리를 외면하고 있는 것일까요? 더 깊게 들여다봐야 합니다. 그 이유는 무엇일까요?

요즘 많은 청년들이 제조업에 대한 관심을 줄이고 있는 이유는 여러 가지가 있습니다. 우선, 제조업에서 일하는 환경은 과거보다 많이 개선되었지만 여전히 고된 노동과 낮은 임금이라는 인식이 남아 있습니다. 이러한 현실은 특히 MZ 세대에게는 큰 실망으로 다가올 수 있습니다.

과거 기성세대가 힘들게 일해 온 모습은 우리에게도 잘 알려져 있습니다. 하지만 현재의 청년들은 더 나은 삶의 질과 일자리 조건을 기대합니다. 그 결과, 제조업보다는 자신의 꿈과 적성에 맞는 다양한 분야에서 더 나은 조건의 일자리를 찾고자 하는 경향이 강해졌습니다.

현재는 IT, 서비스업, 창의 산업 등 다양한 분야에서 성장 가능성이 높고, 더 좋은 워라밸(Work-Life Balance)을 제공하는 일자리가 많아졌습니다. 그래서 청년들은 자연스럽게 제조업을 기피하는 경향을 보이고 있습니다. 이러한 선택은 단순히 개인의 취향을 넘어, 지역 내 인재 유출을 가속화하고 인구 감소라는 문제로 이어질 수 있습니다.

우리는 더 나은 조건을 가진 일자리를 찾는 것이 당연하다고 생각합니다. 하지만 이것이 제조업의 가치와 필요를 부정하는 것은 아닙니다. 제조업은 여전히 우리 지역 경제의 중요한 기반이자, 기술 발전과 혁신의 중요한 역할을 하고 있습니다.

이런 상황에서 청년들이 느끼는 불안과 좌절을 이해하며, 함께 해결책을 찾아 나아가야 할 것입니다. 우리가 원하는 일자리를 만들고, 더 나은 환경에서 일할 수 있도록 노력하는 것이 중요합니다. 제조업이 미래의 청년들에게도 매력적인 선택지가 될 수 있도록 개선해 나가는 것이 필요합니다.

더불어 지역 경제는 점점 쇠퇴하고 있습니다. 외국인들은 지역에서 일자리를 찾고 있지만, 로컬 청년들은 떠나고 있습니다. 이는 단순히 제조업이 약해지는 문제가 아닙니다. 지역 공동체의 붕괴를 의미하며, 이는 우리의 미래를 암울하게 만드는 요소로 작용하고 있습니다. 청년들이 지역을 떠나는 이유는 여러 가지가 있지만, 주요 원인은 일자리 부족과 함께 생활의 질이 개선되지 않는 점입니다. 이러한 상황 속에서 제조업은 더 이상 지역 경제를 지탱하는 축이 될 수 없습니다.

우리는 지금 '제조업 없는 대한민국'이라는 현실을 직시해야 합니다.

글로벌 경제의 변화와 기술 발전 속에서, 우리는 과거를 고수하고 있는 것은 아닌지 돌아봐야 합니다. 제대로 된 대책이 없이 방관하고 있다면, 우리는 결국 모든 것을 잃게 될지도 모릅니다. 제조업이 약화됨에 따라 경제 구조가 불안정해지고, 청년 실업률은 더욱 높아질 것입니다. 이는 단순히 경제적 문제를 넘어서, 우리의 정체성과 미래에 대한 심각한 위기를 초래할 것입니다.

미국 엔비디아의 젠슨 황 CEO는 AI 산업이 데이터센터 중심에서 AI 팩토리로 진화하고 있으며, 엔비디아는 더 이상 기술 회사가 아니라 필수 인프라 회사로 자리 잡고 있다고 강조했습니다. AI 팩토리는 '전기를 원료로 지능(intelligence)을 만드는 공장'으로 요약할 수 있습니다.

이러한 변화는 우리 지역에서도 AI 인프라 구축의 기회가 있다는 것을 의미합니다. 여러분이 지역 사회의 혁신을 이끌며, AI와 관련된 기술과 인프라를 개발하는 주역이 되길 바랍니다. 이제는 글로벌 트렌드를 따라가는 것을 넘어, 여러분의 창의력과 열정으로 로컬 경제를 활성화하는 데 기여할 차례입니다.

결국, 우리는 현재의 문제를 방치해서는 안 됩니다. 지역 인재의 유출과 인구 감소는 우리가 반드시 해결해야 할 과제입니다. 제조업의 부흥을 위해서는 모든 사회 구성원이 함께 노력해야 하며, 정부의 정책과 기업의 혁신이 절실히 필요합니다. 이제는 과거를 돌아보며 고난을 겪었던 기성세대의 경험을 바탕으로, 새로운 시대의 요구에 맞는 변화를 만들어가야 합니다.

기성세대가 땀과 눈물로 일군 제조업의 발전은 그들의 고난이 있었기에 가능했습니다. MZ 세대는 다른 환경에서 자라나 그 고난을 직접 경험하지 않았지만, 제조업에 대한 기피 현상은 단순한 개인의 선택이 아닙니다. 이는 사회적, 역사적, 경제적, 문화적 맥락에서의 복합적인 연결고리로 이어져 있다는 것을, 기성세대는 청년들을 공감해 주고 이해해야 합니다.

우리 청년들은 선배들의 땀의 가치를 잊고 있지 않기를 바라며, '모든 변화는 시작점에서부터 이루어진다'는 마하트마 간디의 말씀처럼, 과거의 경험을 통해 더 나은 미래를 함께 만들어 가길 소망합니다.

(3) 콘텐츠는 K인데, 통장은 USD

대한민국은 한때 '제조 강국'의 명성을 떨쳤습니다. 반도체, 자동차, 조선업 등에서 세계 시장을 선도하며 경제 성장의 중심에 있었던 우리의 제조 산업은 무엇보다 중요한 기반이었습니다. 그러나 지금 우리는 문화 강국이라는 화려한 수식어에 가려져, 그 밑바탕이 되는 제조업이 약해지고 있는 현실에 직면해 있습니다. 우리는 OTT 플랫폼의 영향으로 우리의 문화 콘텐츠가 외국의 손에 쥐어지는 것을 지켜보며, 제조업마저 무너지는 상황에 이르렀습니다. 과연 우리는 어디로 가고 있는 걸까요?

현재, 한국의 문화 산업은 세계적으로 큰 인기를 끌고 있지만, 그 이면에는 불안한 현실이 존재합니다. K-드라마, K-팝 등은 전 세계에서 사랑받고 있지만, 우리는 그 콘텐츠를 글로벌 플랫폼에 의존해 생산하고 소비하고 있습니다. 넷플릭스와 같은 외국 OTT 업체들은 우리의 창의적인 콘텐츠를 소비하면서도 그 수익은 플랫폼의 손으로 흐르고 있습니다. 우리의 문화가 글로벌 시장에서 빛나고 있지만, 동시에 우리는 문화의 하청국으로 전락하는 위험에 처해 있습니다.

한국 문화예술의 창작과 소비가 외국 플랫폼에 의해 좌우된다면, 이는 문화 산업의 주체성을 침해하는 것입니다. 한국의 콘텐츠가 세계적으로 인정받기 위해서는 국제 협력이 필수적입니다. 한국 정부는 해외 플랫폼과 협력하여 공동 제작 및 배급을 활성화하고, 한국 콘텐츠의 가치를 알리는 데 집중해야 합니다. 자체 글로벌 OTT 플랫폼의 구축은 한국 콘텐츠 산업의 독립성과 지속 가능성을 높이는 데 큰 도움이 될 것입니다. 한국은 이미 문화 강국으로서의 가능성을 보유하고 있으며, 이를 잘 활용하여 글로벌 시장에서 한 단계 더 나아가는 밝은 미래를 제시할 수 있을 것입니다.

데이비드 헬드(David Held)라는 영국의 정치학자이자 런던 정경대학교(London School of Economics) 교수는 "글로벌화의 시대에 한국 문화가 외국 플랫폼에 의해 좌우되는 것은 단순히 경제적 문제를 넘어서, 문화적 정체성을 위협하는 심각한 상황이다."라고 우려한 바 있습니다.

이러한 상황은 제조업에서도 반복되고 있습니다. 한국의 제조업은 한때 세계적 경쟁력을 지녔지만, 지금은 중국 등 다른 국가와의 경쟁에서 밀리고 있습니다. 노동시장의 경직성으로 인해 연구개발(R&D) 투자나 혁신적인 제품 개발이 어려워지며, 이는 장기적으로 경쟁력을 저하시킬 수 있습니다. 브랜드 가치도 낮아져 고부가가치 제품으로 성장하기 힘들어집니다.

우리는 그간의 성공에 안주하며 혁신을 게을리한 결과, 경쟁력을 잃어 가고 있습니다. 과거의 제조업 성공 신화를 다시 쓸 필요가 있으며, 이를 위해서는 강력한 정책적 지원과 새로운 산업 생태계의 조성이 필요합니다.

　우리는 한국의 제조업이 다시 태어나야 한다고 믿습니다. 과거의 성공 사례를 분석하고, 현재의 시장 트렌드를 반영하여 새로운 아이디어와 기술을 접목할 필요가 있습니다. Industry 4.0 시대에 들어서면서, 스마트 제조와 인공지능, 사물통신(IoT) 등의 기술이 우리의 제조업을 혁신할 수 있습니다. 이러한 기술들이 우리의 제조업을 새롭게 하는 기폭제가 될 것입니다.

　우리는 문화 강국이라는 화려한 수식어에 매몰되어서는 안 됩니다. 우리의 기반인 제조업이 약해지는 것은 결코 용납할 수 없는 일입니다. 외국 플랫폼에서 당하고, 제조업까지 무너지는 현실을 직시해야 합니다. 문화와 제조업이 조화롭게 성장하는 길만이 우리를 진정한 강국으로 이끌 것입니다. 우리는 지금 다시 한번 제조 강국으로서의 자부심을 가지고, 그 기틀을 다져야 합니다.

　우리는 문화 강국으로서의 자부심을 유지하기 위해서는 제조업의 부흥이 필수적입니다. 문화는 경제의 한 축일 뿐만 아니라, 경제적 기반이 튼튼해야만 지속적으로 발전할 수 있는 분야입니다. 우리는 문화 콘텐츠의 소비에만 집중할 것이 아니라, 강력한 제조업과 함께 균형 잡힌 경제 구조를 만들어야 합니다. 제조업의 혁신과 문화 콘텐츠의 창의성이 결합된다면, 우리는 더 강력한 경쟁력을 가질 수 있을 것입니다.

제조업의 부흥은 우리의 경제적 성공을 넘어, 문화적 정체성을 지키는 데에도 중요한 역할을 합니다. 우리가 함께 만들어 가는 산업은 단순한 생산을 넘어, 우리의 이야기를 담고 있는 문화의 기초가 됩니다.

문화와 경제는 서로의 품에서 자라납니다. 제조업이 튼튼해야 우리의 문화적 자부심도 확고해질 수 있습니다. 5천 년의 한국적 영혼이 세계 무대에서 인정받기 위해서는, 우리가 직접 만든 제품에 우리의 이야기를 담아내야 합니다.

글로벌 플랫폼에 헌납되는 것이 아니라, 우리의 가치와 정체성을 지키며, 그 힘으로 더 나은 세상을 만들어 가는 것이 진정한 목표입니다. 그래서 한국 제조업은 그 중심에서 모든 것을 이끌어 가야 합니다.

(4) 미래 세대를 향한 절호의 타이밍

지금 우리는 한국 사회에서 마치 타잔이 줄타기에서 줄을 바꾸어 타듯 중요한 전환점에 서 있습니다. 잡은 밧줄의 한 손을 놓고 그다음에 무엇이든지 잡고 앞으로 나아가야만 합니다.

잡아야 할 줄이 썩은 동아줄인지 모르지만 리스크를 감수하고 잡고 나아가야 합니다. 아니면 사자들이 득실거리는 밀림에 떨어지고 맙니다.

청년 세대는 그들의 에너지와 독창적인 생각을 바탕으로 사회 전반에 새로운 변화를 요구하며 전진하고 있습니다. 계엄과 탄핵이라는 극단적인 상황 속에서 그들의 목소리가 뚜렷하게 드러나는 모습을 우리는 목격하였습니다. 이러한 상황은 단순한 사회적 움직임을 넘어 세대교체를 상징하는 중요한 전환점이 되고 있습니다.

하지만 이 시점에서 우리는 세대 간 양극화, 빈부 격차, 지역 간 불균형, 이념의 갈등이라는 복잡한 현실에 직면해 있습니다. 이는 마치 타잔이 줄을 바꾸어 타기 위해서는 안정된 발판이 필요하듯, 우리가 더 나은 미래를 위해서는 세대 간의 대화를 통해 서로를 이해하고 협력해야 함을 시사합니다. 전진만을 목표로 하는 청년들의 변화의 바람 속에서, 우리는 함께 손을 맞잡고 새로운 길을 만들어 가야 할 때입니다.

이 과정에서 우리는 서로의 이야기를 듣고, 이해하며, 함께 나아가는 진정한 사회의 구성원이 되어야 할 것입니다.

현재의 젊은 세대는 과거의 정치적 경험과 사회적 환경 속에서 성장했으며, 그들의 에너지와 생각은 새로운 변화의 원동력이 될 수 있습니다. 세대교체는 단순히 정치적 지형의 변화뿐 아니라, 가치관과 비전의 전환을 의미합니다. 청년 세대가 주도하는 새로운 논의와 정책이 필요하며, 이를 통해 그들의 목소리가 사회 전반에 반영될 수 있도록 해야 합니다.

특히, 지역 간의 격차는 심각한 수준에 이르렀습니다. '서울민국'이라는 표현이 등장할 정도로, 서울과 비수도권 지역 간의 불균형은 날로 심화되고 있으며, 이로 인해 지역 주민들은 소외감을 느끼고 있습니다. 청년들은 각자 처한 환경에서 불만이 쌓여 가고, 이들은 단순히 경제적 문제뿐만 아니라 사회적 불평등과 지역 차별에 대한 불만으로 가득 차 있습니다. 이들은 자신이 태어난 지역에서의 기회 부족으로 인해 꿈을 이루기 어려운 상황에 직면하고 있습니다.

정치인들이 지역 균형 발전에 대한 책임을 느끼도록 해야 합니다. 이를 위해 정치인들이 지역 발전과 관련된 정책을 시행할 때 그 결과에 대해 공정하게 평가받도록 하는 시스템을 만들어야 합니다. 투명한 정책 평가를 해야 하고 부동산 문제는 지역 간 격차를 심화시키는 주요 원인 중 하나입니다. 부동산 정책을 재조정하여 지역 균형 발전을 지향해야 합니다.

또한, 정부는 청년들에게 공공임대주택 제공과 임대료 지원 등의 주거지원 정책을 강화하고, 지역 내 네트워킹 기회를 마련해 서로 협력할 수 있는 환경을 조성해야 합니다. 이러한 노력을 통해 지속 가능한 지역 개발이 이루어지면 청년들이 희망을 가지고 지역에 정착할 수 있을 것입니다.

로컬 청년들은 지역에서 일자리가 부족한 상황 속에서도 주거 문제를 해결하기 위해 창업 지원 프로그램을 활성화하고, 재택근무 및 원격근무를 장려하여 대도시의 기업과 연결될 수 있는 기회를 찾아야 합니다.

이런 상황에서 우리는 무엇을 어떻게 해야 할까요? 먼저, 우리는 청년 세대의 목소리를 귀 기울여 들어야 합니다. 그들의 불만과 요구를 파악하고 이를 정책에 반영하는 것이 필요합니다. 청년들이 참여할 수 있는 사회적 플랫폼을 마련하여, 그들의 의견이 실질적으로 반영될 수 있는 사회를 만들어야 합니다. 이는 지역 주민들이 자신들의 목소리를 들을 수 있다는 점에서 큰 의의가 있습니다.

또한, 지역의 경제와 문화를 활성화해야 합니다. 지역 소외감을 해소하고 경제적 기회를 창출하기 위해서는 지역 특성에 맞는 산업 육성이 필수적입니다. 예를 들어, IT와 창업 생태계를 지역으로 확장하고, 청년 창업을 지원하는 정책을 강화할 필요가 있습니다. 지역의 인재들이 자신의 고향에서 꿈을 이룰 수 있는 환경을 조성해야 합니다.

하버드 대학교의 경제학자 조셉 스티글리츠(Joseph Stiglitz) 박사는 지역 간의 격차와 관련하여 이렇게 말했습니다. "경제적 불균형은 단순히 소득의 차이에서 그치지 않습니다. 그것은 사회적 불안정성과 정치적 불만을 초래하며, 결국 사회 전체의 발전을 저해하게 됩니다."

스티글리츠의 이 발언은 경제적 불균형이 단순히 숫자에 국한된 문제가 아니라, 사회 구조와 개인의 삶에까지 영향을 미친다는 점을 강조합니다. 지역 간의 격차가 심화되면 지역 주민들이 소외감을 느끼고, 이는 사회적 불안정성을 초래하며, 나아가 경제 발전에 부정적인 영향을 미칠 수 있다는 점에서 매우 시사하는 바가 큽니다.

더불어, 우리는 인구 절벽이라는 심각한 문제를 직시해야 합니다. 출생률이 최하 수준인 현재, 우리는 일본과 유사한 상황에 직면해 있습니다. 하지만 우리는 그들과 같은 길을 걸어서는 안 됩니다. 청년들이 가족을 꾸리고 자녀를 낳고 싶어 하는 환경을 만들어야 합니다. 주거 안정과 양육 지원을 통해 일터와 가정이 조화롭게 공존할 수 있는 시스템을 구축해야 합니다.

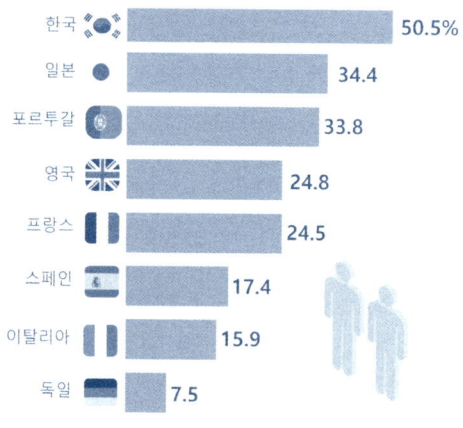

주요국 수도권 인구 비중 현황
출처: 한국은행

이렇게 어려운 시기일수록 우리는 희망의 메시지를 전파해야 합니다. 현재의 어려움에 직면한 청년들에게 미래에 대한 비전을 제시하고, 그들이 긍정적인 변화를 이끌어 낼 수 있는 주체로 성장할 수 있도록 도와야 합니다.

한국의 현재 모습은 결코 쉽게 외면할 수 없는 현실입니다. 양극화, 지역 소외감, 인구 감소 등 다양한 문제들이 얽혀 있는 이 시기에 우리는 과거를 돌아보며 미래를 위해 나아가야 합니다. 마치 타잔이 줄을 바꾸어 타며 후진 없이 전진만 하고, 어려움에 처한 가족들을 구출해 내듯이, 우리도 불확실한 상황 속에서 새로운 길을 찾아 나아가야 합니다.

 타잔이 아프리카 밀림에서 낡은 줄기에 매달려 있는 장면은 우리의 현재 모습을 닮아 있습니다. 그러나 과감히 새로운 길로 옮겨 타야 합니다. 지금이 바로 그 기회입니다. "변화에 대한 두려움을 버리고, 새로운 가능성에 대한 믿음을 가지세요."라는 스티브 잡스의 말을 떠올려 보십시오.

(5) 한국의 변화하는 정체성

현재 한국에서의 변화는 과연 어떤 정체성을 가지고 있을까요? 5천 년의 뿌리를 가진 역사 속에서, 우리는 농경 사회에서 로봇과 AI의 세계로 빠르게 진입하고 있습니다. 이처럼 극적인 변화를 경험하는 세대가 함께 살아가는 이 시대는 지구 역사상 유례없는 경험을 하고 있는 것입니다.

이 변화가 과연 한국적일까요? 우리의 로컬 문화를 살려내고, 글로벌 시대에서 경쟁력을 갖출 수 있는 게 무엇보다 중요합니다.

한국의 정체성은 오랜 역사와 전통 속에 뿌리를 두고 있습니다. 우리의 문화는 농업과 자연에서 시작되어, 공동체와 가족의 소중함을 기반으로 한 가치관을 세워 왔습니다. 이러한 뿌리 위에 현대 기술과 혁신이 더해지면서 우리는 새로운 정체성을 형성하고 있습니다.

글로벌 위기 속에서 우리는 마치 태평성세를 누리고 있다는 착각이 듭니다. 미국의 트럼프 정책, 러시아-우크라이나 전쟁, 중동 분쟁, 그리고 환경 변화와 기후 위기 등은 우리의 안전을 위협하는 요소로 작용하고 있습니다.

이러한 복잡한 국제 정세 속에서 우리의 변화가 과연 긍정적인 방향으로 나아가고 있는 것인지, 아니면 불확실성과 불안정 속에서 정체된 상태에 있는 것인지 생각해 볼 필요가 있습니다.

특히 지역 격차가 심화되고 있는 상황에서, 정부의 정책이 실질적인 해결책으로 자리 잡을 수 있도록 지역 정치인들과의 협력이 더욱 중요해지고 있습니다. 이러한 협력을 통해 주민들의 목소리가 정책에 반영될 수 있도록 더욱 힘써 주어야 합니다.

우리는 과거의 유산을 잊지 않으면서도 새로운 가능성을 찾아야 합니다. 민족과 로컬의 정체성이 중요하다는 사실은 우리의 역사와 문화에서 뿌리 깊은 진리입니다.

미국의 작가 마야 안젤루는 "당신이 누구인지를 아는 것이 중요하며, 당신이 어떻게 되었는지를 잊지 않는 것이 더 중요하다"고 말했습니다. 이 말은 우리에게 과거의 유산을 소중히 여기고, 그것을 바탕으로 현재를 살아가야 한다는 강력한 메시지를 전해 줍니다.

로컬의 정체성은 그 자체로 강력한 힘을 지니고 있습니다. 우리의 문화, 전통, 그리고 공동체는 세대를 거쳐 이어져 온 가치를 담고 있습니다. 이러한 정체성을 승화시킨다면, 그것이 바로 '뉴로컬리즘'으로 나아가는 길이 될 것입니다. 뉴로컬리즘은 단순히 지역 경제만을 살리는 것이 아니라, 전통과 현대, 그리고 글로벌과 로컬을 연결 짓는 새로운 패러다임이라 할 수 있습니다.

전 세계적으로 지역의 고유한 자원을 이해하고 이를 바탕으로 창의적인 솔루션을 모색하여 성공한 사례는 여러 가지가 있습니다. 이러한 사례들은 지역 청년들이 자극을 받아 지역 사회의 발전을 위해 새로운 아이디어를 구상하는 데 큰 도움이 될 수 있습니다. 아래에 몇 가지 글로벌 성공 사례를 상세히 소개하겠습니다.

① 스페인의 라리오하 와인 지역

스페인 라리오하 지역은 세계적으로 유명한 와인 생산지입니다. 이 지역의 와인 산업은 지역 경제의 중요한 축이 되었으며, 매년 많은 관광객을 끌어들입니다. 라리오하의 와인 생산자들은 고유한 포도 품종과 전통적인 양조 방식을 활용하여 와인의 품질을 높이고 있습니다.

이와 함께, 라리오하 지역에서는 와인 관광을 활성화하기 위해 다양한 프로그램을 운영하고 있습니다. 와인 시음 투어, 포도 수확 체험, 와인 제조 과정 체험 등을 통해 방문객들은 지역의 문화와 전통을 직접 경험하게 됩니다. 이러한 접근은 지역 경제에 긍정적인 영향을 미치며, 청년들에게는 와인 산업 관련 직업 기회를 제공합니다.

② 뉴질랜드의 마오리 문화

뉴질랜드의 마오리족은 그들만의 독특한 문화와 전통을 가지고 있습니다. 이 지역의 청년들은 마오리 문화를 기반으로 한 관광 사업을 발전시키고 있습니다.

예를 들어, 전통적인 마오리 공연, 음식 체험, 그리고 마오리 전통 공예를 배우는 프로그램이 인기를 끌고 있습니다. 이러한 프로그램은 관광객들에게 마오리 문화의 깊이와 아름다움을 전달하며, 지역 청년들에게는 문화 보존과 경제적 기회가 동시에 주어집니다. 마오리 문화의 독창성을 강조함으로써 지역 경제를 활성화할 수 있는 좋은 예입니다.

③ 에티오피아의 커피 협동조합

에티오피아는 커피의 발상지로 알려져 있으며, 이 지역의 커피 농부들은 협동조합을 통해 자신들의 제품을 세계 시장에 판매하고 있습니다. 에티오피아의 커피 농부들은 고유한 커피 품종과 재배 방식을 통해 품질 높은 커피를 생산하고 있으며, 이를 통해 지역 경제를 활성화하고 있습니다.

특히, '오르모 커피'와 같은 브랜드는 지역 농부들의 협동조합으로 운영되어, 공정 거래를 통해 도매가보다 높은 가격에 커피를 판매하고 있습니다. 이를 통해 농부들은 자립할 수 있는 기반을 마련하고, 지역 청년들도 커피 산업에 참여할 수 있는 기회를 얻게 됩니다. 에티오피아의 커피 협동조합은 지역 자원을 활용한 지속 가능한 경제 모델의 좋은 사례입니다.

④ 일본의 느티나무 마을

일본 오카야마현의 '느티나무 마을'은 농업과 관광을 결합한 성공적인 사례로, 지역의 느티나무를 활용하여 다양한 제품을 개발하고 있습니다. 이 마을에서는 느티나무를 이용한 수공예품, 목재 제품 등을 만들어 지역 경제를 활성화하고 있습니다.

또한, 이 지역은 관광객을 위해 느티나무 숲에서의 체험 프로그램을 운영하여, 방문객들이 자연과 함께하는 시간을 제공하고 있습니다. 이러한 프로그램은 지역 주민들에게도 고용 기회를 제공하며, 지역의 자원을 활용한 창의적인 접근 방식으로 주목받고 있습니다.

⑤ 아이슬란드의 지속 가능한 에너지

아이슬란드는 화산과 지열 자원을 활용한 지속 가능한 에너지 개발의 선두 주자입니다. 이 지역의 청년들은 지열 에너지를 활용한 혁신적인 기술 개발에 참여하고 있습니다.

아이슬란드는 지열 에너지를 이용하여 난방과 전기를 생산하며, 이를 통해 환경에 미치는 영향을 최소화하고 있습니다. 이러한 지속 가능한 에너지 모델은 지역 청년들에게 에너지 산업에 대한 기회를 제공할 뿐만 아니라, 전 세계적으로 모범 사례로 평가받고 있습니다.

한국은 지금 변화의 기로에 서 있습니다. 이러한 변화가 진정한 정체성을 담고 있는 긍정적인 방향으로 나아가기 위해서는 아이슬란드와 같은 지속 가능한 에너지 모델을 참고하고, 로컬 주민들의 목소리를 듣는 것이 중요합니다. 주민들의 희망을 실현할 수 있는 구체적인 노력이 필요하며, 이를 통해 한국의 에너지 산업이 더욱 발전할 수 있을 것입니다.

결국, 우리의 과거는 현재와 미래의 방향성을 제시하는 나침반이 되어야 합니다. 민족의 정체성과 로컬의 가치를 기반으로 한 뉴로컬리즘은 우리가 새로운 가능성을 발견하고, 지속 가능한 미래로 나아가는 데 중요한 역할을 할 것입니다. 이제 우리는 우리의 문화와 전통을 존중하며 뉴로컬리즘에 기반을 둔 정체성의 변화를 주도하는 주체가 되어야 합니다.

"우리가 오늘의 변화를 만들어 내는 주인공이 되어야 한다."라는 다짐과 함께, 우리의 뿌리 깊은 전통이 현대적 혁신과 만나는 지점에서, 각자의 자기가 속한 로컬에서 고유한 이야기를 풀어낼 수 있는 새로운 가능성을 찾읍시다.

　뉴로컬리즘은 단순히 과거를 되새김질하는 것이 아닌, 우리의 이야기가 시대와 함께 흐르고, 그 속에서 새로운 가치가 창출되고 정체성을 지키는 길입니다. 이 정체성 위에서 우리는 서로의 다양성과 고유성을 존중하며, 함께 손잡고 나아가야 합니다. 우리 각자의 작은 변화가 모여 커다란 물결을 이루고, 그 물결이 한국의 미래를 밝히는 희망의 등불이 되기를 간절히 바랍니다.

2

로컬의 미래

(1) 뉴로컬리즘 선언과 우리나라의 전략

뉴로컬리즘이란?

현재 미국, 중국, EU 등 주요 경제 대국들은 낙후된 지역의 발전을 위해 타국의 기업 투자 유치를 적극적으로 추진하고 있습니다. 이 과정에서 지역 균형 발전, 고용 창출, 그리고 세수 증대의 효과를 보고 있으며, 이는 '뉴로컬리즘(New Localism)'으로 설명될 수 있습니다.

특히 미국의 경우, 낙후된 지역에 대규모 투자를 유치하는 사례가 증가하고 있습니다.

현대차 그룹은 210억 달러(약 31조 원)를 조지아, 앨러바마, 루이지애나 등 미국의 로컬 및 낙후지역에 투자를 합니다. 유례없는 연 120만 대 규모 철강, 에너지 등 스마트 팩토리 생산체제 완공으로 100만 대

생산체제 구축 체제를 발표했습니다. 이 공장을 통해 약 57만 개 이상의 일자리가 창출될 예정이며, 이는 지역 경제에 큰 긍정적 영향을 미칠 것으로 기대됩니다.

또한, SK 하이닉스가 HBM(고대역폭 메모리) 생산을 위해 미국 인디애나주에 5조 투자, 삼성전자가 테일러시에 170억 달러 반도체 제조공장 투자, SK 이노베이션 또한 조지아주에 전기차 배터리 공장을 설립 등등 이를 통해 미국은 자국의 낙후지역을 글로벌 도시 거점으로 재탄생을 시키고 있습니다.

필자가 직접 조지아주 SK 공장을 방문했을 때, 진입로의 도로 확장 공사가 한창 진행되고 있었고, 길가에는 거의 10km 구간에 "Now Hiring"(지금 채용 중) 간판이 줄지어 세워져 있는 모습을 보았습니다. 이러한 현상을 목격하면서, 우리나라와 비교해 격세지감을 느낄 수 있었습니다. 개발된 인프라와 함께 지역 주민들이 새로운 일자리 기회를 얻고 있는 모습은 지역에 활력을 불어넣는 역동적인 경제 환경을 형성하고 있음을 보여 주었습니다.

이러한 현상은 뉴로컬리즘의 본질과도 깊이 연결되어 있습니다. 뉴로컬리즘은 지역의 독특한 정체성과 문화를 존중하면서도, 글로벌화 시대의 흐름에 맞춰 혁신과 변화를 추구하는 접근 방식입니다. 조지아주가 SK 공장을 유치하면서 보여 준 것은 단순히 외국 기업의 투자 유치가 아니라, 지역 경제의 활성화와 함께 주민들의 삶의 질 향상을 위한 체계적인 노력을 기울이고 있다는 점입니다.

미국과 같은 강대국이 해외 투자를 유치하여 지역 경제를 부흥시키고 있는 이유는 단순히 자본의 유입에 그치지 않습니다. 이들은 지역 주민들에게 실질적인 일자리와 소득을 제공함으로써, 지역 사회가 스스로 성장할 수 있는 토대를 마련하는 데 중점을 두고 있습니다. 이는 한국의 로컬 사회에도 중요한 시사점을 제공합니다.

우리나라도 해외 투자 유치를 통해 지역 경제를 활성화할 수 있지만, 그 과정에서 지역 주민들의 목소리를 반영하고, 지역 특성에 맞는 맞춤형 정책을 수립해야 합니다. 또한, 지역의 정체성을 살리면서도 글로벌 경쟁력을 갖춘 산업 구조를 만들어 가는 것이 필요합니다.

결국, 조지아주에서 SK 공장이 자리 잡고 있는 모습은 한국 로컬 사회에 두 가지 중요한 교훈을 제공합니다. 첫째, 지역 주민들이 직접 참여하고 혜택을 누릴 수 있는 방식으로 산업을 발전시켜야 한다는 점, 둘째, 투자 유치가 단순한 경제적 효과를 넘어서, 지역의 문화와 정체성을 존중하며 함께 성장해야 한다는 점입니다. 이러한 사고방식은 한국이 더 나은 미래를 만들어 나가는 데 큰 힘이 될 것입니다.

이와 같은 대규모 투자들은 조지아주를 중심으로 한 미국 내 전기차 산업의 성장을 가속화하고 있으며, 지역 주민들의 소득 증가와 새로운 일자리 창출을 통해 경제적 부흥을 이끌어 내고 있습니다.

결국, 이러한 기업들의 투자는 단순히 지역 경제의 부흥을 넘어, 미국 전역의 산업 경쟁력을 높이는 데 기여하고 있습니다. 이러한 투자는 단순히 지역의 경제 활성화에 그치지 않고, 글로벌 경쟁에서의 우위를 점하는 데 중요한 역할을 합니다.

이러한 흐름은 앞으로도 계속될 것으로 보입니다. EU와 미국을 포함한 주요 국가들은 자국의 로컬리즘을 더욱 활성화하여 경제적 자립과 경쟁력을 강화할 것입니다. 이는 단순히 지역 경제의 부흥을 넘어, 전 세계적으로 '뉴로컬리즘'의 중요성을 알리는 중요한 계기가 되고 있습니다.

단언컨대 글로벌리즘과 로컬리즘은 동일한 의미입니다. (글로벌리즘=로컬리즘)

여기서 주목할 점은, 글로벌리즘(세계중심, 세계화)과 로컬리즘(지역중심, 지역화)이 결코 상반되는 개념이 아니라는 것입니다. 단언컨대, 이 두 가지는 서로 보완적인 관계에 있습니다.

즉, 글로벌 시장의 확장은 각 국가의 로컬 경제의 발전과 밀접하게 연결되어 있으며, 지역의 강점을 살리는 것이 글로벌 경쟁력을 높이는 지름길임을 보여 줍니다. 따라서 '뉴로컬리즘'은 오늘날 세계 경제의 흐름 속에서 필수 불가결한 요소로 자리 잡고 있으며, 앞으로의 경제 정책에서도 중요한 축을 형성할 것입니다.

현재 우리는 글로벌 경제 환경에서 빠르게 변화하는 시대에 살고 있습니다. 이러한 변화 속에서 '뉴로컬리즘'의 개념은 각 지역이 가진 독특한 자원과 강점을 활용하여 글로벌 경쟁력을 높이는 새로운 접근법으로 주목받고 있습니다. 필자로서의 경험과 지혜를 바탕으로, 대한민국의 로컬을 활성화시키기 위한 다짐과 전략을 다음과 같이 제시하고자 합니다.

첫째, 지역 특성을 기반으로 한 맞춤형 정책 개발이 필요합니다. 각 지역은 고유한 역사, 문화, 자원 등을 가지고 있습니다. 이를 바탕으로 지역 주민들과의 협력을 통해 지역 특성에 맞는 정책을 개발함으로써, 주민들이 자발적으로 참여하고 동참할 수 있는 환경을 조성해야 합니다. 예를 들어, 농촌 지역에서는 지역 특산물을 활용한 농업 관광 산업을 육성하고, 도시 지역에서는 창의 산업과 스타트업 생태계를 지원하는 정책을 통해 지역 경제를 활성화시킬 수 있습니다.

둘째, 기업과 지역 사회 간의 협력 강화가 중요합니다. 지역 기업들이 지역 사회와의 상생을 통해 지속 가능한 발전을 이루어야 합니다.

이를 위해 기업들이 지역 주민의 의견을 듣고, 지역 사회에 기여하는 방향으로 사업을 운영하도록 유도해야 합니다. 예를 들어, 기업의 사회적 책임 프로그램을 통해 지역 주민들과 소통하며 지역 발전에 기여하는 방안을 모색할 수 있습니다.

셋째, 교육과 인재 양성을 통한 지역 발전의 초석을 마련해야 합니다. 지역 내 인재들이 지역 경제에 기여할 수 있도록 교육 프로그램을 개발하고, 지역 산업에 적합한 인재를 양성해야 합니다. 예를 들어, 지역 대학과 기업이 협력하여 인턴십 프로그램을 운영하고, 지역 내 청년들이 지역 산업에 대한 이해를 높일 수 있는 다양한 경험을 제공해야 합니다.

넷째, 디지털 전환을 통한 지역 경쟁력 강화를 제안합니다. 정보통신기술(ICT)의 발전과 코로나19 이후 가속화된 디지털화는 지역 경제에도 큰 기회를 제공합니다. 지역 산업의 디지털화를 촉진하여 생산성 향상과 새로운 비즈니스 모델 창출을 이끌어 내야 합니다. 예를 들어, 지역 농민들이 온라인 플랫폼을 통해 직접 소비자와 연결될 수 있는 시스템을 구축하면, 중간 유통 단계를 줄여 농가 소득을 높일 수 있습니다.

다섯째, 지역 주민의 목소리를 적극 반영하는 민주적인 거버넌스 체계를 구축해야 합니다. 지역 주민들이 정책 결정 과정에 참여할 수 있는 기회를 제공하고, 그들의 의견이 정책에 반영되도록 해야 합니다.

이러한 과정을 통해 주민들은 지역 발전에 대한 책임과 주인의식을 가지게 될 것입니다.

결론적으로, 뉴로컬리즘은 대한민국의 각 지역이 글로벌경제에서 경쟁력을 가지기 위한 새로운 접근법입니다.

지역 주민, 기업, 정부가 협력하여 지역의 독특한 자원과 강점을 활용함으로써 로컬을 활성화시키겠다는 뉴로컬리즘을 선언하고 발전 전략으로 삼아야 합니다.

(2) 글로컬의 의미와 시대적 배경

글로컬(Glocal)이라는 개념은 '글로벌'과 '로컬'의 결합으로, 세계적인 흐름 속에서도 지역의 고유한 특성과 가치를 유지하고 발전시키는 것을 의미합니다.

결국 뉴로컬리즘의 철학에도 부합하는 말이 글로컬이라는 함축적 말입니다. 즉 글로벌리즘과 로컬리즘은 궁극적으로 같은 꼭짓점에서 만나는 동의어입니다.

최근 한국에서 글로컬 대학이 주목받고 있는 이유는 바로 이처럼 지역 사회와의 상생을 통해 지속 가능한 발전을 도모하기 위한 노력이 필요하기 때문입니다.

글로컬 대학은 단순히 글로벌 교육을 제공하는 것이 아니라, 지역의 특성과 그 안에 숨겨진 잠재력을 최대한 발휘하도록 돕는 역할을 해야 합니다. 이는 지역 기업과의 협력이 필수적입니다. 대학이 지역 산업과 긴밀히 협력함으로써, 학생들은 실제 산업 현장에서 경험을 쌓고, 기업들은 필요로 하는 인재를 양성할 수 있습니다.

지역 농업 기업과의 협업을 통해 농업 관련 교육 프로그램을 개발하거나, 관광업체와의 공동 프로젝트를 통해 학생들이 지역 자원을 활용한 창의적인 아이디어를 제시하게 하는 것입니다. 이러한 협력은 지역 경제를 활성화시키고, 학생들에게는 실제 문제를 해결하는 경험을 제공합니다.

또한, 뉴로컬리즘의 원칙에 따라 지역의 문화와 정체성을 교육과정에 통합해야 합니다. 학생들이 지역의 역사와 문화를 깊이 이해하고, 이를 바탕으로 글로벌 경쟁력을 갖출 수 있도록 돕는 것이 중요합니다. 예를 들어, 지역의 전통문화를 주제로 한 프로젝트나 지역 사회 문제 해결을 위한 연구 과제를 통해 학생들은 자신이 속한 지역을 보다 깊이 이해할 수 있습니다.

글로컬 대학의 성공적인 운영을 위해서는 지역 사회의 지속 가능한 발전을 위한 연구와 개발도 필수적입니다. 대학은 지역의 문제를 연구하고 해결책을 제시하는 역할을 해야 하며, 이를 통해 지역 주민들의 삶의 질을 향상시킬 수 있습니다.

예를 들면, 지역 에너지 문제를 해결하기 위한 연구 프로젝트를 진행하거나, 지역 사회의 건강 문제를 다루는 프로그램을 개발하는 등의 방식으로 대학은 지역 발전에 기여할 수 있습니다.

글로컬 대학은 지역의 정체성과 가치를 더욱 강화할 수 있는 플랫폼이 되어야 합니다. 대학이 지역 사회의 중심으로 자리 잡을 때, 우리는

'글로벌'과 '로컬'의 조화를 이루며, 지속 가능한 발전을 이룰 수 있습니다. 이러한 비전은 단순한 구호가 아닌, 지역 주민들과 함께하는 실천적 노력이 되어야 합니다.

정보 통신 기술의 발전으로 경계가 허물어지고, 다양한 문화와 경제가 서로 얽히며 새로운 체계를 만들어 가고 있습니다. 하지만 이러한 변화 속에서도 각 지역은 자신만의 정체성을 잃지 않아야 하며, 이는 지역 주민들이 스스로의 목소리를 내고, 지역 사회의 가치를 재발견하는 과정에서 시작됩니다.

글로벌리즘과 로컬리즘의 상호작용은 글로벌한 경제, 문화, 정보의 흐름 속에서 로컬의 고유한 특성과 가치를 잃지 않고 유지하며 발전시키는 과정을 의미합니다.

전 세계적으로 유명한 패스트푸드 브랜드들이 각 지역의 식문화와 취향을 반영하여 메뉴를 현지화하는 것이 한 예입니다. 이는 브랜드가 글로벌하게 성공하기 위해 로컬의 맛과 필요를 반영하는 방식입니다.

글로컬은 단순히 글로벌의 영향을 받는 것이 아니라, 각 지역의 문화, 역사, 전통 등을 존중하고 지역 정체성을 유지하여 이를 기반으로 새로운 가치를 창출해야 한다는 메시지를 전합니다. 즉, 지역 주민이 자부심을 느끼고 그들의 정체성을 확립하는 과정이기도 합니다.

지역 자원과 특산물을 활용한 혁신적인 사업 모델을 통해 지역 경제를 발전시키고, 생태계를 보호하는 방향으로 발전해야 한다는 의지를 담고 있습니다.

하버드 비즈니스 스쿨의 교수인 마이클 포터(Michael Porter)는 경쟁력 있는 지역 경제를 만들기 위해서는 지역 고유의 강점을 활용해야 한다고 강조합니다. 그는 "지역의 특성을 살린 비즈니스 모델이 더 큰 글로벌 시장에서도 성공할 수 있다"고 주장합니다.

한국이 진정한 글로컬로 나아가야 하는 이유는 현재 한국은 급속한 글로벌화 속에서 여러 도전과 기회를 맞이하고 있습니다. 이제 한국인들이 진정한 글로컬로 나아가야 하는 이유를 몇 가지 짚어 보고자 합니다.

문화의 수출과 수용에 있어서 한국의 K-문화(음악, 드라마, 음식 등)는 전 세계에서 큰 인기를 얻고 있습니다. 하지만 이는 단순한 글로벌화가 아니라, 한국의 고유한 문화와 정체성을 반영한 결과입니다. 이제 우리는 이 흐름을 더욱 발전시켜, 한국의 문화를 세계에 알리면서도, 동시에 다른 문화와의 교류를 통해 우리 고유의 가치를 더욱 풍부하게 만들어야 합니다.

지역 경제의 활성화에 있어서 한국의 각 지역은 자체의 특산물과 문화유산을 가지고 있습니다. 글로컬의 관점에서 이러한 자원을 효과적으로 활용하여 지역 경제를 활성화할 수 있는 기회가 열려 있습니다.

사회적 협력과 연대는 한국 사회에서 기성세대와 청년 세대 간의 소통을 통해 이루어져야 합니다. 서로의 경험과 가치를 나누고 협력함으로써 지역 사회의 문제를 해결하고 발전 방향을 함께 모색할 수 있습니다. 이는 사회적 연대와 공동체 의식을 강화하는 데 기여합니다.

결론적으로, 글로컬은 단순히 글로벌 트렌드를 따르는 것이 아니라, 우리가 속한 지역의 정체성과 가치를 존중하며 지속 가능한 방향으로 나아가는 것을 의미합니다. 한국인들은 이러한 글로컬의 시대적 요구에 부응하여, 자신의 뿌리를 깊이 이해하고 이를 바탕으로 세계와 소통하는 역할을 해야 합니다. 이는 우리 모두가 함께 만들어 나가야 할 미래의 비전입니다.

글로컬 시대에 지역 지자체와 유관 기관들은 주민 참여와 소통을 강화해야 합니다. 주민들이 자유롭게 의견을 나눌 수 있는 플랫폼을 제공하고, 정기적인 회의나 포럼을 통해 그들의 목소리를 정책에 반영하는 시스템을 구축해야 합니다. 소셜 미디어와 모바일 앱을 활용해 실시간 소통을 통해 주민의 요구를 파악하고, 지역 프로젝트의 성과를 공유하여 자부심을 느끼게 하는 것이 중요합니다.

현대 사회는 글로벌화와 함께 급변하는 경제 환경 속에서 지역 사회의 정체성과 지속 가능성의 필요성을 더욱 절실히 느끼고 있습니다. 이러한 변화 속에서 '뉴로컬리즘'의 철학은 지역 주민들이 자신의 커뮤니티에 대한 자부심과 애정을 느낄 수 있는 기회를 제공합니다. 글로컬의 의미는 이러한 과정에서 더욱 뚜렷하게 드러납니다.

세계적인 지속 가능성 전문가이자 '로컬리즘' 운동의 선구자인 헬레나 노르베리 호지(Helena Norberg-Hodge)는 "글로컬은 지역 경제를 유기적으로 발전시키며, 지속 가능한 발전을 이루는 열쇠"라고 강조합니다. 그녀의 주장은 단순한 경제적 접근을 넘어, 지역 주민들이 자부심을 가지고 지역 사회를 사랑하게 되는 과정이 글로컬의 진정한 가치를 실현하는 데 필수적임을 일깨워 줍니다.

이러한 시대적 배경 아래, 우리는 글로컬의 개념을 통해 지역 발전과 지속 가능성을 동시에 추구해야 하며, 주민들이 적극적으로 참여하고 공동체 의식을 강화하는 방향으로 나아가야 합니다.

(3) 글로벌 시장에서의 로컬 브랜드와 기업의 경쟁력

리차드 플로리다(Richard Florida)는 하버드와 MIT의 도시 및 지역 개발에 관한 박사로서 현대 도시와 지역 경제에 대한 연구로 잘 알려진 사회학자입니다. 그의 유명한 말 중에 "창의적인 사람들은 창의적인 장소를 원하고, 창의적인 장소는 창의적인 사람들을 원한다"는 지역 발전과 경제 성장에서 창의성이 얼마나 중요한지를 강조하는 말입니다.

창의적인 인재와 창의적인 장소는 서로 의존적인 관계로서, 창의적인 인재들이 모인 도시는 더 많은 혁신을 촉진하고, 이는 다시 더 많은 창의적인 인재를 유입하게 만드는 긍정적인 피드백 루프를 생성합니다.

스타벅스는 1971년 미국 시애틀에서 소규모 커피 원두 판매점으로 시작되었습니다. 초기에는 커피 원두와 커피 기구를 판매하는 전문 매장이었으나, 점차 소비자들이 커피를 즐길 수 있는 공간으로 확장되었습니다. 예를 들어, 일본의 스타벅스 매장은 일본의 전통적인 찻집을 모티브로 한 디자인과 녹차를 활용한 음료를 제공합니다. 이러한 전략 덕분에 스타벅스는 단순한 커피 체인점이 아닌, 각 지역의 문화와 경험을 공유하는 공간으로 자리 잡았습니다.

이케아(IKEA)는 1943년 스웨덴에서 창립되었으며, 처음에는 소규모 가구 판매를 시작했습니다. 이후 이케아는 실용적이며 저렴한 가구를 제공하기 위한 비즈니스 모델을 구축하였고, 로컬 소비자들의 요구에 맞춘 제품 개발에 집중했습니다. 각국의 문화와 생활양식에 적합한 디자인을 선보이면서 글로벌 시장으로 진출하게 됩니다. 스웨덴의 가구 브랜드로, 로컬의 디자인과 실용성을 강조하며 세계 시장에서 성공했습니다. 이케아는 지역의 소비자들이 선호하는 스타일과 가격대에 맞춰 제품을 개발하며, 매장 내에서 소비자들이 직접 체험할 수 있는 환경을 조성합니다. 이케아는 또한 지속 가능성을 중시하며, 환경친화적인 제품을 선보여 소비자들로부터 긍정적인 반응을 얻고 있습니다.

파타고니아(Patagonia)는 1973년 미국에서 설립된 아웃도어 브랜드로, 창립 초기부터 환경 보호에 대한 강한 의지를 강조했습니다. 로컬 환경과 커뮤니티를 중요시하며, 지속 가능한 제품 개발에 투자하여 지역 사회와의 유대감을 강화했습니다. 이 브랜드는 소비자들에게 환경을 지키기 위한 사명을 공유하며, 그들의 여정에 동참하도록 유도했습니다. 또한 브랜드의 철학과 가치를 공유함으로써, 소비자들은 단순한 제품 구매가 아닌, 환경을 지키는 일에 동참하고 있다는 자부심을 느끼게 됩니다. 이러한 공감대 형성 덕분에 파타고니아는 글로벌 시장에서도 큰 인기를 끌고 있습니다.

하겐다즈(Häagen-Dazs)는 1961년 미국에서 설립된 아이스크림 브랜드로, 로컬 아메리칸 시장에서 출발하였습니다. 초기에는 고급 아이스크림을 지향하며 품질과 맛을 강조한 마케팅 전략을 펼쳤습니다. 이후 세계적으로 유명한 브랜드로 성장하기 위해 각국의 소비자들이 선호하는 맛을 반영한 제품을 출시하였습니다.

마케팅 전략에 지역 감성을 접목시킨 사례로 하겐다즈는 각국의 맛과 재료를 활용하여 그 지역의 소비자에게 친숙함을 제공합니다. 예를 들어, 일본에서는 녹차 아이스크림을, 인도에서는 망고 맛 아이스크림을 선보이며 각국의 문화와 취향을 반영한 제품을 출시해 큰 호응을 얻었습니다.

이러한 사례들은 지역의 정체성과 문화를 기반으로 하여 글로벌 시장에서 성공할 수 있는 가능성을 보여 줍니다. 로컬 브랜드가 독창성과 감정을 담아낸 제품을 통해 소비자와의 깊은 연결을 형성할 수 있다는 점은, 대한민국의 로컬 브랜드가 글로벌 시장에서 경쟁력을 갖추기 위한 좋은 방향성을 제시해 줍니다.

이제 우리는 로컬 브랜드가 글로벌 무대에서 빛을 발하도록 돕기 위해 어떤 행동을 취해야 할까요? 지역 산업 전문가들은 지역 자원의 창의적인 활용, 특히 문화와 전통을 결합한 제품 개발에 집중해야 합니다. 이를 통해 지역의 고유한 이야기를 담은 브랜드가 만들어질 수 있으며, 소비자들에게 감동을 줄 수 있는 제품이 탄생할 것입니다. 또한, 이러한 브랜드가 소비자와 소통하며 신뢰를 구축하는 것이 필수적입니다.

지역 청년 세대는 이러한 변화의 중심에 서 있습니다. 그들은 새로운 아이디어와 창의성을 바탕으로 로컬 브랜드를 글로벌로 성장시키는 주체가 되어야 합니다. 지역의 특성을 이해하고, 이를 효과적으로 세계에 알릴 수 있는 전략을 마련하는 것이 중요합니다. 젊은 세대는 디지털 네이티브로서 온라인 플랫폼을 활용하여 전 세계 소비자들과 연결될 수 있는 기회를 가집니다. 이들은 소셜 미디어를 통해 지역 제품을 알리는 캠페인을 전개하고, 글로벌 소비자들이 원하는 가치를 담은 콘텐츠를 생산함으로써 로컬 브랜드의 가치를 높일 수 있습니다.

기성세대와 대한민국 정부, 그리고 전국 지자체는 이 과정에서 중요한 역할을 하여야 합니다. 기성세대는 지역 청년들에게 멘토링을 제공하고, 그들의 아이디어에 귀 기울여야 합니다. 정부와 지자체는 로컬 기업이 글로벌 시장에 진출할 수 있도록 필요한 인프라를 구축하고 정책적인 지원을 아끼지 않아야 합니다. 이를 통해 지역 기업들이 자생력을 갖출 수 있도록 도와주는 것이 중요합니다.

중요한 것은, 지역의 기업 스스로도 주도적인 역할을 해야 한다는 것입니다. 로컬 브랜드가 성장하기 위해서는 제품의 품질과 디자인뿐만 아니라, 그 이면에 담긴 스토리와 가치를 소비자에게 전달하는 것이 필수적입니다. 소비자들은 더 이상 단순한 제품을 구매하지 않습니다. 그들은 아이디어와 비전을 공유하는 브랜드에 열광합니다. 따라서 공감할 수 있는 스토리를 만들어 내고, 이를 통해 소비자와 진정한 연결을 형성해야 합니다.

대한민국에서 로컬을 글로벌 브랜드로 발전시킬 수 있는 가능성은 다양합니다. 특히 지역 특산물, 전통 음식, 그리고 문화적 자산을 활용하는 것이 중요한데, 다음과 같은 통합된 접근 방안을 제안합니다.

한국의 전통 음식들은 이미 세계적으로 인정받고 있습니다. 김치와 비빔밥과 같은 고유한 메뉴들이 바로 그 예입니다. 이러한 전통 음식을 현대적인 스타일로 재구성하여 글로벌 시장에 소개하는 것이 중요합니다. 비건(채식주의자)이나 글루텐 프리 옵션을 추가해 다양한 소비자의 입맛을 충족시키는 것이 필요합니다.

각 지역의 특산물도 글로벌 브랜드로 발전할 수 있습니다. 전라남도의 고추장, 경상북도의 사과, 강원도의 한우 등은 현대적인 패키지 디자인과 스토리텔링을 통해 브랜드화하고, 해외 시장에 진출할 수 있는 기회를 제공합니다. 예를 들어, '전통 방식으로 재배한 유기농 사과'라는 슬로건을 내세워 소비자들에게 신뢰를 주고, 협업을 통해 다양한 요리 레시피를 개발하여 소셜 미디어에서 홍보하는 전략이 효과적입니다.

한국의 전통 예술, 음악, 패션 등은 세계적인 관심을 받고 있습니다. K-팝이나 한국 드라마와 같은 콘텐츠는 이를 잘 보여 줍니다. 이러한 문화 콘텐츠를 활용하여 아트 페스티벌, 전시회, 공연 등을 개최하고,

글로벌 팬들과의 소통을 강화해야 합니다. 한국의 전통문화를 현대적으로 재해석한 콘텐츠를 제작하여 다양한 문화 포럼이나 국제 행사에 참여하는 것도 중요한 전략입니다.

또한, 한국 브랜드가 글로벌 시장에서 성공하려면, 각 지역의 소비자 문화를 이해하고 맞춤형 마케팅 전략을 수립해야 합니다. 이를 위해 외국 시장에 대한 철저한 시장 조사와 문화적 이해도를 높이기 위한 교육이 필요합니다. 예를 들어, 김치의 경우 '한국의 발효식품'이라는 점을 강조하여 건강과 웰빙을 중시하는 글로벌 소비자들에게 어필할 수 있습니다.

글로벌 시장에서 한국의 로컬 브랜드와 기업이 경쟁력을 갖추기 위해서는 외국인 바이어와 소비자와의 소통을 강화하는 것이 필수적입니다. 이를 위해 시식 행사나 문화 교류 프로그램을 통해 한국의 전통 음식과 문화를 직접 체험할 기회를 제공하는 것이 중요합니다. 이러한 접근은 단순히 제품에 대한 신뢰를 구축하는 데 그치지 않고, 한국 브랜드의 인식도를 높이는 데 큰 기여를 할 것입니다.

뉴로컬리즘의 철학에 따르면, 지역의 고유한 자원과 문화를 잘 활용하는 것이 글로벌 시장에서 성공의 열쇠입니다. 한국의 로컬 브랜드는 자신이 지닌 독특한 가치를 통해 소비자와의 소통을 지속적으로 강화하고, 그들의 마음속에 깊이 새길 수 있는 브랜드로 성장해야 합니다.

우리의 로컬 브랜드가 글로벌 시장에서 진정한 성공을 거두기 위해서는 감정과 가치를 함께 나누는 것이 필수적입니다. 지역의 문화와 정체성을 담아낸 제품이 세계로 나아갈 때, 우리는 단순한 경쟁력을 넘어, 글로벌 소비자들과의 깊은 유대감을 형성하게 됩니다. 이 과정에서 브랜드는 소비자에게 단순한 상품을 넘어서, 지역 사회의 이야기와 가치를 전달하는 역할을 하게 됩니다.

결국, 한국의 로컬 브랜드가 세계에서 빛나는 이유는 그 안에 담긴 진정성, 문화적 정체성, 그리고 지역 주민들의 이야기가 담겨 있기 때문입니다. 이런 원칙을 바탕으로, 우리는 감동적이고 유의미한 소통을 통해 세계와 연결된 진정한 글로벌 브랜드로서의 가능성을 열어 갈 수 있습니다.

(4) 시야를 새롭고 낯선 곳으로

『뉴로컬리즘으로 승부하라』는 대한민국 로컬 기업들이 글로벌 시장에서 새로운 기회를 탐색하고 경쟁력을 확보할 수 있는 중요한 주제를 다룹니다. "시야를 새롭고 낯선 곳으로"라는 개념은 로컬 기업들이 글로벌 무대에서 성공할 수 있는 가능성을 강조합니다. 이는 로컬 자원과 문화를 활용하면서도 글로벌 트렌드와 소비자 요구를 반영하여 혁신적인 비즈니스 모델과 제품을 개발해야 한다는 것입니다.

캐나다 앨버타주의 애드먼튼은 단순한 도시가 아닙니다. 이곳은 AI 분야의 혁신과 협력이 이루어지는 꿈의 도시입니다. 앨버타 대학교의 AMII(Alberta Machine Intelligence Institute)는 캐나다의 AI 연구를 이끌며, 사회적 문제 해결을 목표로 합니다. 이러한 활동은 뉴로컬리즘의 철학과 깊은 연관이 있습니다. 인공지능의 가능성을 극대화하며 게임의 패러다임을 바꾼 알파고의 배경은 이곳 앨버타 대학교의 연구자들에 의해 만들어졌습니다.

앨버타 대학교의 드마이클 스미스와 졸업생 네이션 레서가 노벨상을 수상한 것은 지역 연구진과 정부가 공동으로 이룩한 성과입니다. 현지 연구자들과 AI 기술의 발전에 대한 열띤 논의를 통해 뉴로컬리즘의 철학이 자연스럽게 녹아들었습니다.

필자는 이러한 앨버타의 혁신적인 환경 속에서 새로운 가능성을 찾았습니다.

필자는 앨버타를 방문하여 지역 커뮤니티와의 협력이 얼마나 중요한지를 깨닫게 되었습니다.

현지 연구자들과 AI 기술의 발전에 대한 열띤 논의를 통해 뉴로컬리즘의 철학이 자연스럽게 녹아들었습니다. 특히, 앨버타 대학교의 Ahmed Jawad Qureshi 교수와 협업하여 제조현장의 3D 프린팅 기술을 접목한 프로젝트에 대해 논의하게 되었습니다. 이 프로젝트는 경남의 방위산업, 우주항공, 조선산업의 유지보수 체제를 완성하는 데 중요한 동력이 되고 있습니다.

연구자들과의 긴밀한 협력을 통해 이루어진 이 프로젝트는 양 도시의 상생을 위한 중요한 이정표가 될 것입니다. 더불어 뉴로컬리즘을 몸소 실천해 보이려고 합니다.

이처럼 뉴로컬리즘의 철학은 앨버타의 연구자들과 정부가 만들어낸 혁신의 원동력이 되고 있으며, 이러한 사례는 단순히 기술 개발을 넘어 지역 사회와의 연계를 통한 진정한 혁신의 예로 자리 잡을 것입니다. 앞으로도 우리는 지역과 세계가 조화를 이루며 더 나은 미래를 만들어 나갈 수 있다는 희망을 가지고 이 길을 함께 걸어갈 것입니다.

이러한 뉴로컬리즘의 철학을 바탕으로 전문가들은 디지털 마케팅, 글로벌 트렌드 분석, 소비자 행동 연구와 같은 다양한 분야에서 활동하며 로컬 기업들이 글로벌 시장에서 성공할 수 있도록 적극 나서야 합니다.

경상남도는 자동차, 조선, 기계, 전자 분야에서 높은 경쟁력을 지닌 산업 중심지로, 스마트 팩토리와 AI 기술의 융합이 활발히 이루어지고 있습니다. 이 프로젝트 또한 기술 전수를 넘어 두 도시 간의 상호 가치를 공유하는 교류 프로그램으로 발전하고 있습니다. 앨버타의 학생들은 경남 산업 현장을 배우고, 경남의 학생들은 앨버타의 최신 기술을 익히며 서로 다른 지역의 고유한 자원을 연결하고 있습니다. 이는 뉴로컬리즘의 실천 사례로 자리매김할 것입니다.

프랑스의 청년들은 학창 시절 아프리카나 오지 여행을 통해 다양한 문화와 환경을 경험하는 것으로 유명합니다. 이러한 경험은 단순한 관광을 넘어서, 그들이 세계를 바라보는 시각과 가치관을 넓히는 데 큰 기여를 합니다. 프랑스에서는 여행이나 자원봉사 활동을 통해 다른 문화와의 교류를 장려하며, 이는 글로벌 감각과 사회적 책임감을 키우는 데 도움을 줍니다. 이러한 경험은 청년들이 더 넓은 세상으로 나아가고, 다양한 환경에서 문제를 해결하는 능력을 배양하는 데 중요한 역할을 합니다.

프랑스의 청년들이 군대 대신 해외 근무를 선택하는 모습은, 로컬 청년들이 자신의 뿌리를 잊지 않고도 세계를 향해 나아가는 여정과 놀랍도록 유사합니다. 이들은 각자의 지역에서 시작하여, 글로벌 사회에서 자신의 전문성과 개성을 발휘하는 새로운 길을 걸어가고 있습니다. 이러한 선택은 뉴로컬리즘이 지향하는 '지역성과 세계성의 조화'를 실현하는 아름다운 사례라고 할 수 있습니다.

해외 근무는 청년들에게 글로벌 네트워크를 형성할 수 있는 소중한 기회를 제공합니다. 서로 다른 배경을 가진 사람들과의 협업은 단순한 직장 생활을 넘어, 다문화 환경에서의 적응력과 협업 능력을 키우는 데 필수적입니다. 뉴로컬리즘은 이러한 다양성을 인정하고 존중하는 한편, 이를 통해 더 나은 아이디어와 혁신을 창출할 수 있다고 믿습니다.

이러한 시스템은 군 복무를 통해 얻는 경험을 대체할 뿐만 아니라, 청년들이 글로벌 감각과 사회적 책임감을 키우는 데 도움을 줍니다. 각 청년이 세계의 현장에서 경험하는 것은 결국 그들의 지역 사회에도 긍정적인 영향을 미치게 됩니다. 그들이 다양한 문화와 시각을 접하며 얻은 통찰력은, 나중에 그들이 속한 지역 사회에 돌아와 새로운 변화를 이끌어 낼 수 있는 원동력이 될 것입니다.

프랑스에서 군대 대신 해외에서 근무하는 청년들의 선택은, 그들이 단순히 새로운 직장을 찾는 것이 아니라, 인생의 주도권을 쥐고 자아를 탐구하는 여정이라고 할 수 있습니다. 이들은 단순히 글로벌 인재가 되는 것이 아니라, 로컬의 가치를 세계에 알리는 변화의 주체가 되는 것입니다.

결국, 뉴로컬리즘의 정신을 실천하는 이들은, 자신이 소속된 세계와 지역을 잇는 다리 역할을 하며, 더욱 풍부하고 다채로운 미래를 만들어 나갈 것입니다. 그들의 탐험은 단순한 직장 생활을 넘어, 개인의 성장과 사회적 책임을 다하는 길로 이어질 것입니다.

헨리 포드는 "변화의 필요성을 느끼고, 그 변화를 이끌어 내기 위해 행동하는 것이 성공의 열쇠다"라고 말했습니다. 이는 우리가 익숙한 틀을 넘어 새로운 경험을 통해 성장해야 한다는 의미입니다. 그러나 꼭 해외로 나가야만 하는 것은 아닙니다. 주위의 낯선 공간에서 새로운 관점을 발견할 수 있는 기회는 무궁무진합니다.

다양한 문화와 환경을 경험하기 위해 지역 사회 내의 행사나 프로젝트에 참여하십시오. 로컬 자원을 활용한 커뮤니티 활동을 통해 여러분의 시각을 넓히고, 혁신적인 아이디어를 발굴할 수 있습니다. 또한, "지식은 경험을 통해서만 얻어진다."라는 소크라테스의 말처럼, 일상 속에서도 다양한 사람들과의 교류를 통해 배움을 얻을 수 있습니다.

외국어 능력을 개발하는 것도 필수적입니다. 글로벌 사회에서 경쟁력을 갖추기 위해서는 다양한 언어를 배우려는 노력이 필요하며, 이는 해외 근무나 국제 프로젝트 참여 시 큰 자산이 될 것입니다.

국제 행사나 컨퍼런스에 참여하여 글로벌 네트워크를 형성하는 것도 매우 중요합니다. 다른 나라 청년들과의 만남을 통해 새로운 관점을 얻고 협력의 기회를 만들어 나가는 것이 필요합니다. "타인은 나의 거울이다"라는 말처럼, 다양한 만남 속에서 자신을 돌아보고 성장하는 기회를 잡으시길 바랍니다.

또한, 해외 또는 다른 문화에서 얻은 경험을 바탕으로 자신이 속한 로컬 사회에서도 긍정적인 변화를 이끌어 내는 역할을 수행해야 합니다. 지역 사회에 도움이 되는 프로젝트에 참여하거나, 자원봉사 활동을 통해 사회적 책임을 다하는 것도 중요합니다. "변화는 개인에게서 시작된다"는 믿음을 가지고, 여러분의 작은 행동이 큰 변화를 이끌어 낼 수 있음을 기억하시기 바랍니다.

결국, 대한민국의 로컬 인재들은 글로벌 사회에서 인정받기 위해 뉴로컬리즘의 정신을 바탕으로 다양한 경험을 쌓고 글로벌 마인드를 키워야 합니다. 이는 단순한 해외 진출이 아니라, 로컬의 가치를 세계에 알리고 그 안에서 혁신적인 아이디어를 발견하여 개인의 성장은 물론, 대한민국 로컬 브랜드의 경쟁력을 높이는 길입니다. 여러분의 도전과 탐험은 더 나은 미래를 만드는 밑거름이 될 것입니다.

이제 우리는 과거의 틀을 넘어 새로운 시각으로 세계를 바라보며, 지역의 특성을 살리고 이를 글로벌 무대에서 발휘하는 시대에 살고 있습니다. 뉴로컬리즘은 바로 그 과정에서 지역과 세계가 서로 연결되고, 보다 풍부한 문화적 교류가 이루어질 수 있는 가능성을 열어 줍니다. 각자의 고유한 이야기를 가지고 세계와 연결될 때, 우리는 진정한 변화를 이끌어 낼 수 있습니다.

(5) 글로벌 유연성과 도전정신

현대 사회는 급속도로 변화하고 있습니다. 인공지능의 발전과 자동화의 확산으로 인해 단순하고 반복적인 일, 문서를 이해하고 만들어 내는 일, 임금이 비싸서 지능형 로봇으로 대체 가능한 일, 많은 인력이 소요되는 직업군들이 사라지고 있습니다. 이제 우리에게 필요한 것은 더 이상 기본적인 기술이나 지식만으로는 안 되는 사회가 되었습니다.

오히려 이 시대를 끌고 가는, AI가 대체 할 수 없는 인간의 마지막 남은 주요 역량은 바로 인문학적 소양의 주요 요소인 여러분의 민첩한 적응력(Adaptability) 과 태도(Attitude)입니다.

적응력과 태도가 왜 인문학적 사고에서 나오고 이 시대에 중요한지, 우리나라 청년들에게 어떤 시사점을 가져오는지 이야기해 보겠습니다.

필자가 인도 회사에서 일하던 시절, 인도의 자동차 산업에 얽힌 흥미로운 이야기를 직접 겪으면서 인생의 새로운 시각을 얻었습니다. 모든 직원들이 잘 아는 실제 사례였고, 저도 현대자동차 프로젝트에 참여하면서 그 과정에서 많은 것을 깨달았습니다. 대부분의 사람들이 인도의 자동차 전문가들이 세계적인 기업인 GM, 포드, 벤츠, 아우디 등에서 컨설팅을 한다고 하면 믿기 어려울 것입니다.

사실 인도는 핵물리학과 기초과학 분야에서 큰 발전을 이루었지만, 1980년대에는 TATA와 같은 기업이 소형 자동차를 만드는 데 그쳤습니다. 그러나 30여 년 전, GM이 자동차가 점점 소프트웨어 중심으로 변화할 것이라는 예측을 하고 CAD 소프트웨어를 디자인 단계부터 도입했던 순간이 있었죠. 이 과정에서 인도의 인재들이 중요한 역할을 하게 되었던 것입니다.

프로젝트 구조는 간단했습니다. 팀원 10명 중 1명은 미국에 상주하고, 나머지 9명은 인도에서 작업을 수행했습니다. 현지 팀원들은 자동차 전문가가 아닌 특정 분야의 전문가들이었지만, 그들의 기여는 놀라울 정도로 컸습니다.

특히 기억에 남는 순간이 있습니다. 인도의 한 엔지니어가 처음으로 미국 GM의 생산라인을 방문했을 때, 자동화된 조립 라인에서 자동차가 생산되는 모습을 보고 큰 감동을 받았다고 합니다. 그는 원래 CAD 엔지니어로 디자인 분야에서 일했지만, 2~3년의 경험을 통해 자동차 공정을 이해하게 되었고, 결국 다임러 벤츠로 파견되어 여러 나라의 자동차 제조 과정을 배우게 되었습니다.

마치 "서당 개 3년이면 풍월을 읊는다"는 속담처럼, 그는 다양한 자동차 회사에서 경험을 쌓으며 불과 3년 만에 조립라인에서 프로그램 코딩으로 시작해 단시일 내에 아우디의 수석 컨설턴트로서 자동차 생산 공정을 총괄하게 되었습니다. 그의 지휘 아래 200여 명의 팀을 이끌고 있다는 것은 경탄을 자아내기에 충분합니다.

이런 인재들의 경험은 인도 회사의 기술력을 높이고, 경쟁사 제품의 장단점을 분석할 수 있게 만들었습니다. 자동차를 한 대도 만들어본 적 없는 소프트웨어 회사가 세계 최고의 자동차 컨설턴트를 보유하고 있다는 사실은 놀라운 일입니다. 또한, 많은 전 세계 자동차 회사의 우수 컨설턴트들이 이 회사 출신입니다.

인도에서 만난 많은 사람들은 매우 논리적이고 질문이 많고 소통이 잦으며 상호 거래에 능숙합니다. 실제로, 제가 인도에서 근무할 당시 국내 많은 대기업의 프로젝트를 책임지는 컨설팅 사업을 진행하며, 인도 전문가의 비용을 줄이고 경쟁력을 확보하기 위해, 소수 인원만 한국에서 일하고, 절대다수의 인원은 인도 현지에서 함께 프로젝트를 수행한 경험이 있습니다.

이 어려운 환경에서도 어려운 소프트웨어 개발의 납기가 준수되는 데는 그 이유가 있습니다. 철저한 개발방법론을 준수하는 것과 끊임없는 소통입니다. 메일을 보내고 그 내용에 대해서 전화로 반드시 확인하고 그것도 모자라 전화 내용에 대해서 다시 메일로 확인하는 경우도 많이 있습니다. 아무래도 전화가 실시간으로 가능하기에 출장 다니는 매니저들은 통상 2대의 핸드폰을 갖고 다니며 소통하고 유연성 있게 의사결정을 즉시 합니다.

에어비앤비가 호텔을 소유하지 않고도 숙박업을 운영하는 것처럼, 인도인들은 뛰어난 두뇌와 적응 능력을 가지고 자동차 산업의 리더 없이도 수많은 컨설턴트를 보유한 나라로 자리 잡았습니다. 이는 4차 산업혁명 시대의 주인공으로서 인도인들이 가진 가능성을 보여 주는 사례라고 할 수 있습니다.

인문학적 소양이 중요한 이유는 여러분이 진정한 삶의 의미를 깨닫고, 어떤 도전이든 지혜롭게 헤쳐 나가는 힘을 주기 때문입니다. 단순히 돈을 벌고, 높은 지위를 얻는 것이 인생의 목적이 아닙니다. 나 자신을 이해하고, 세상을 더 넓고 깊이 있게 바라볼 수 있는 시각을 갖추는 것이야말로 진정한 성공을 가능하게 합니다.

빠르게 가는 것이 항상 정답은 아닙니다. 깊이 있는 사고와 반성 없이 성취하는 모든 것은, 어느 순간 무너질 수 있는 허상에 불과합니다. 인문학적 소양은 단순한 책 속의 지식이 아니라, 삶을 더 의미 있게 만드는 사고방식입니다. 여러분이 지금 맞닥뜨린 문제들, 포기하고 싶은 순간들, 모든 어려움은 인문학적 성찰을 통해 새로운 관점으로 이해될 수 있습니다.

나무가 건강하게 자라려면 뿌리가 튼튼해야 합니다. 인문학적 소양은 여러분의 삶의 뿌리와도 같습니다. 그 뿌리가 튼튼하지 않으면, 아무리 성공의 열매를 맺는다 해도 언젠가는 흔들릴 수밖에 없습니다. 인문학은 여러분의 삶을 단단하게 지탱해 주는 지혜입니다. 역사, 철학, 문학을 통해 인간의 본질을 이해하고, 삶의 다양한 측면을 깊이 바라보는 눈을 키우는 것이 곧 여러분을 더욱 강하게 만들 것입니다.

겉으로는 화려해 보이는 성공일지라도, 내면이 비어 있다면 그 성공은 결국 일시적일 수밖에 없습니다. 진정한 성공은 내면의 성장과 함께 이루어져야 합니다. 인문학적 소양이 여러분에게 주는 것은 인생을 깊이 이해하고, 스스로를 진정으로 발전시킬 수 있는 힘입니다.

"성공의 기준은 바뀌고 있다. 깊이 있는 사고가 당신의 성공을 영원히 지켜 줄 것이다."

인문학적 소양에 빠지지 않는 중요한 내용은 바로 창의성입니다. 알베르트 아인슈타인은 "창의성은 지식보다 더 중요하다. 지식은 한계를 가지고 있지만, 창의성은 모든 것을 가능하게 한다."라고 하였습니다. 이는 글로벌 마인드셋과 함께 국내 시장에만 머무르지 않고, 세계 무대로 나아가야 한다는 말과 동일합니다.

새로운 언어와 문화를 배우고, 다양한 시장의 특성을 파악하여 K-POP을 전 세계의 청중과 소통하는 콘텐츠로 확장시켰습니다. 여러분도 낯선 곳에 자신을 던지고, 새로운 환경에서 도전해야 합니다. 시야를 넓히고 새로운 가능성을 탐색할 때, 여러분의 성공은 더 큰 무대에서 이뤄질 수 있습니다.

하버드 대학교의 경영학 교수이자 유명한 경영 컨설턴트인 클레이튼 크리스텐센(Clayton Christensen)은 『혁신의 딜레마』라는 저서에서 성공적인 비즈니스의 근본 원인이 단순한 전략이나 기술적 요소가 아니라, 창의적 사고와 인문학적 관점에서의 이해와 조화를 강조했습니다.

클레이튼 크리스텐센의 관점은,

첫째, 크리스텐센은 창의성이 비즈니스 혁신의 핵심이라고 주장합니다. 그는 기업이 지속적으로 발전하고 경쟁력을 유지하기 위해서는 기존의 틀을 넘어서는 새로운 아이디어와 접근 방식이 필요하다고 강조했습니다.

둘째, 인문학적 교육이 사람들에게 복잡한 문제를 해결하는 데 필요한 비판적 사고와 공감 능력을 기를 수 있게 해 준다고 언급했습니다. 이러한 소양은 비즈니스 환경에서 고객의 요구를 이해하고, 새로운 기회를 포착하는 데 필수적입니다.

크리스텐센은 성공적인 비즈니스 리더들이 단순히 숫자나 데이터에 기반을 둔 결정을 내리는 것이 아니라, 창의적이고 인문학적인 사고를 통해 더 깊이 있는 통찰을 얻고, 지속 가능한 혁신을 이루어 내는 데 중점을 두어야 한다고 주장했습니다.

이와 같은 사고방식은 단순한 비즈니스 전략을 넘어, 사람의 삶과 사회를 더 나은 방향으로 변화시키는 데 기여할 수 있습니다.

결국, 이 시대의 진정한 경쟁력은 단순한 기술이 아닌, 변화하는 환경 속에서 인문학적 소양에 바탕을 둔 민첩하게 적응하는 글로벌 적응력과 태도입니다.

(6) 로컬강점 자원의 활용과 지속 가능성

『뉴로컬리즘으로 승부하라』에서 강조하고자 하는 로컬의 특화 자원의 활용과 지속 가능성은 단순한 문구가 아닙니다. 그것은 우리가 만들고자 하는 지역의 미래에 대한 강력한 메시지입니다. 우리가 살고 있는 이 시대, 지역 사회는 그 자체로 하나의 강력한 생태계이며, 그 안에서 우리는 서로 연결되어 있습니다.

피터 드러커(Peter Drucker)는 "가장 좋은 방법은 사람들을 모아 그들이 함께 일하도록 하는 것이다. 우리는 함께 일할 때 가장 많은 성과를 이룰 수 있다."라는 말로 지역 사회와 공동체의 힘이 그 자체로 강력한 생태계를 형성하며, 개인의 참여와 공동의 노력이 지역의 미래를 만들어가는 데 핵심적이라는 점을 부각시킵니다.

결국, 우리가 살고 있는 이 시대에 지역 사회가 서로 연결되고 협력하는 것은 단순한 문구가 아니라, 실제로 지역의 발전과 미래를 만들어가는 중요한 요소임을 강조해 줍니다.

지역의 고유한 자원을 이해하고 이를 바탕으로 창의적인 솔루션을 모색하는 것은 단순히 자원의 활용을 넘어, 우리가 살고 있는 땅과 그 땅을 이루는 사람들, 문화, 자연을 존중하는 과정입니다. 자연 자원으로는 지역의 신선한 농산물이나 바다에서 나는 해산물을 활용해 지역 특유의 음식을 만들어 내는 것이 있습니다. 그 과정에서 농부와 어부의 이야기를 담아내고, 그들의 손길을 통해 만들어진 음식이 지역의 자부심으로 남게 됩니다.

문화 자원 또한 중요한 역할을 합니다. 지역의 전통과 예술, 축제를 통해 공동체의 역사를 소중히 여기고, 이를 관광 자원으로 발전시킬 수 있습니다. 예를 들어, 전통 음악과 무용을 배우고 체험할 수 있는 프로그램을 운영하며, 그것을 통해 우리는 지역 문화의 소중함을 느끼고 서로의 연결고리를 만들어 낼 수 있습니다.

인적 자원은 그야말로 지역의 보물입니다. 젊은 인재들이 각자의 창의성과 열정을 모아 창업 생태계를 만들고, 그 과정에서 서로의 아이디어를 나누는 모습은 그 자체로 지역의 미래를 밝히는 희망의 씨앗이 됩니다. 그렇게 우리는 함께 성장하고 발전해 나가는 것입니다.

하지만 그럼에도 불구하고, 많은 사람들이 서울이나 강남으로 향하고, 외국으로 이민을 가는 현실은 우리를 아프게 합니다. 이런 상황에서 지역 인구 소멸을 막기 위해 우리가 할 수 있는 일은 정말 많습니다.

삶의 질을 높이는 것, 이는 단순히 생활환경을 개선하는 것에 그치지 않습니다. 우리 지역이 사람들에게 따뜻한 품처럼 느껴질 수 있도록, 교육과 의료, 문화 인프라를 갖추고, 삶의 모든 순간에서 행복을 느낄 수 있는 공간을 만들어 가는 것입니다. 청년들이 지역에 머물고 싶게 만드는 매력은, 그들이 꿈꾸는 미래가 이곳에서 실현될 수 있다는 믿음에 뿌리를 두고 있습니다.

일자리를 창출하는 것은 무엇보다 중요합니다. 지역의 특성과 필요에 맞는 산업을 발전시켜, 그 과정에서 청년들이 관심을 가질 만한 다양한 기회를 제공해야 합니다. 그들이 이 지역에서 일하고 성장할 수 있는 환경을 조성하며, 각자의 꿈이 이루어질 수 있도록 함께 응원하는 것이 필요합니다.

이 모든 것은 우리의 의지와 열정이 모여야만 가능합니다. 우리가 가진 자원을 활용하여 지역의 가능성을 확장하고, 그 과정에서 서로의 이야기를 나누며 변화를 만들어 나갈 수 있습니다. 지역은 우리의 뿌리이며, 그 뿌리가 건강하게 자라날 때 우리는 더욱 풍요로운 미래를 꿈꿀 수 있습니다. 우리 지역의 가치를 믿고 모두 함께 나아갑시다.

우리가 살고 있는 이 시대는 눈부신 기술 발전과 글로벌화의 흐름 속에서 다양한 변화가 일어나고 있습니다. 이러한 산업들은 우리에게 꿈과 비전을 제시하며, 청년들의 창의성을 자극하는 역할을 하고 있습니다.

우주항공 산업의 발전은 우리의 상상력을 하늘 높이 날리게 합니다.

과거에는 먼 우주를 꿈꾸던 이야기들이 이제는 현실로 다가오고 있습니다. 인류는 달에 발을 내딛고, 화성을 탐사하며, 우주 관광이라는 새로운 패러다임을 열고 있습니다. 이러한 성과는 단순히 기술적 진보에 그치지 않고, 우리가 존재하는 이유와 우주와의 관계를 고민하게 만듭니다. 한국의 우주항공 산업 또한 눈부신 성장을 거듭하고 있으며, 청년들은 이러한 분야에서 새로운 가능성을 발견하고 있습니다. 그들은 우주라는 거대한 캔버스 위에 자신의 창의성을 발휘하며, 문화 콘텐츠를 만들어가는 기회를 맞이하고 있습니다. 영화, 소설, 예술 등에서 우주의 영향을 받으며, 그들의 상상력은 더욱 풍부해지고 있습니다.

조선 산업 역시 우리의 삶과 밀접하게 연결되어 있습니다. 세계적인 조선 시장에서의 경쟁력을 유지하는 것은 쉽지 않은 일이지만, 새로운 해양 문화의 발아는 이 산업에 새로운 활력을 불어넣고 있습니다. 청년들은 해양 환경 보호, 지속 가능한 발전, 그리고 문화 콘텐츠 제작에 적극적으로 참여하고 있습니다. 이들은 조선 산업의 기술과 해양 문화를 연결하여 새로운 아이디어를 제시하며, 이를 통해 사회적 가치를 만들어 갑니다. 해양 생물에 대한 다큐멘터리, 해양 문화 축제 등은 그들이 만들어 내는 창의적인 결과물입니다. 이 과정에서 청년들은 자신만의 생각을 표현하며, 새로운 문화적 흐름을 이끌고 있습니다.

방산 산업은 결코 간과할 수 없는 중요한 분야입니다. 기술 발전이 우리를 더욱 안전하게 만들어 줄 뿐만 아니라, 로컬 자원과 지역 사회의 강점을 활용하여 방산 기술이 지속 가능성을 지향할 때, 청년들에게는 새로운 일자리와 경력 개발의 기회가 열립니다. 지역의 특성과 자원을 활용한 방산 산업의 발전은 청년들에게 실질적인 혜택을 가져다줄 뿐만 아니라, 지역 경제의 활성화에도 크게 기여할 것입니다.

방산 분야에서의 일자리는 단순한 직업을 넘어서, 지역 사회의 안전과 번영을 이끄는 중요한 역할을 하게 됩니다. 청년들이 방산 산업에 참여함으로써, 이들은 기술력 있는 인재로 성장하고, 향후 산업 발전에 기여하는 주역이 될 수 있습니다. 이러한 지속 가능한 방산 산업의 발전은 결국 지역 사회의 미래를 밝히는 중요한 기반이 될 것입니다.

결국, 이 모든 산업은 서로 연결되어 있으며, 우리는 이를 통해 새로운 기회를 찾고, 지역 사회의 발전에 기여할 수 있습니다. 청년들이 기술과 창의성을 결합하여 자신만의 경로를 만들어 나가는 이 여정은 그들의 직업적 안정과 미래의 부를 가져다줄 것입니다. 방산 산업, 정보통신 기술, 그리고 문화 콘텐츠 산업은 청년들에게 다양한 진로 선택의 기회를 제공하며, 이들이 자신의 경력을 쌓아 가는 데 중요한 발판이 될 수 있습니다.

우리는 청년들이 자신의 꿈을 실현하고, 지역 자원을 활용하여 경제적 성장을 이끌 수 있도록 지원해야 합니다. 그들이 일으킬 창의적 변화는 단순히 문화적 풍요를 넘어서, 일자리 창출과 지역 경제의 활성화로 이어질 것입니다. 이러한 노력이 모여, 청년들이 만들어 갈 새로운 세상은 우리의 미래를 더욱 밝고 풍요롭게 만들어 줄 것입니다.

이제 우리는 로컬강점 자원의 활용과 지속 가능성을 통해 뉴로컬리즘의 정신을 승화하고 로컬의 지속 가능성을 실현해야 할 때입니다.

2부

서울을 넘어
뉴로컬리즘의 무대로

3

서울을 넘어

(1) 서울을 뛰어넘는 AI와 데이터의 힘

"AI와 데이터는 현대 사회의 새로운 원유다."라고 말한 클라우스 슈밥(Klaus Schwab)은 세계경제포럼(WEF) 창립자였고 '제4차 산업혁명' 개념을 세계에 알린 인물입니다.

이는 AI와 데이터가 현대 사회에서 얼마나 중요한 자원인지, 그리고 그것이 세계를 연결하는 데 어떻게 기여하는지를 설명합니다.

여러분의 손안에는 스마트폰과 컴퓨터가 있습니다. 이들은 강력한 채널이자 도구이며 무기입니다. 여러분이 실현하고자 하는 독창적인 생각과 혁신적인 프로젝트는 지역의 한계를 뛰어넘을 수 있게 되었습니다. 더 나아가 글로벌 무대에서 충분히 빛날 수 있는 기반이 이미 존재한다는 것을 의미합니다.

우리는 지금 새로운 시대에 살고 있습니다. 인공지능(AI)과 데이터의 발달은 우리의 삶과 일하는 방식을 혁신적으로 변화시키고 있습니다.

이제는 국내 국가공인 인공지능(AI) 자격증을 취득할 수 있는 시험이 실시되고 있고, 이 자격증이 조만간 모두가 선호하는 자격증이 될 것이라는 전망이 지배적입니다. AI 활용 능력 검정 시험 AICE(에이스, AI Certificate for Everyone)는 최근 과학기술정보통신부로부터 '공인 민간 자격'을 얻었습니다.

이제 그 변화는 단순히 대도시인 서울에 국한되지 않습니다. AI와 데이터는 로컬 지역의 인재들에게도 무한한 가능성을 열어 주고 있습니다. 이 시대의 주인공은 바로 여러분입니다!

과거에는 대도시에서만 기회가 존재한다고 믿는 경우가 많았습니다. 서울의 화려한 거리에서만 성공의 길이 열릴 것이라는 선입견이 있었습니다. 하지만, 이제는 그 패러다임이 완전히 바뀌고 있습니다. AI와 데이터는 여러분이 어디에 있든지 전 세계와 연결될 수 있는 플랫폼을 제공합니다. 로컬에 살고 있는 여러분도 이제는 서울과의 거리가 아닌, 여러분의 열정과 아이디어로 세상과 소통할 수 있습니다.

AI는 여러분의 창의력을 더욱 강화해 주는 도구가 됩니다. 여러분이 어떤 분야에서 활동하든지, AI는 데이터를 분석하고, 복잡한 문제를 해결하며, 새로운 아이디어를 만들어 내는 데 큰 도움을 줄 것입니다. 또한, 데이터를 통해 전 세계의 정보에 손쉽게 접근할 수 있으며, 여러분의 목소리를 널리 알릴 수 있는 기회가 제공됩니다.

로컬 지역의 인재들은 이제 더 이상 외부로 나가야만 성공할 수 있는 시대가 아닙니다. 여러분이 가진 기술과 열정은 지역 사회를 더욱 발전시킬 수 있는 무기입니다. AI와 데이터를 활용하여 자율적으로 프로젝트를 추진하고, 창업을 시도하며, 온라인 플랫폼을 통해 자신의 재능을 펼칠 수 있습니다. 예를 들어, 로컬의 특산물을 활용한 창의적인 제품을 개발하거나, 지역 문화와 관련된 콘텐츠를 제작하여 온라인으로 판매하는 등 무궁무진한 가능성이 존재합니다.

흔히 "서울을 넘는 것은 어렵다"라는 생각이 우리를 가로막습니다. 그러나 여러분은 그 고정관념을 깨고, 이미 그 가능성을 현실로 만들어 가고 있습니다. 여러분 각자가 가진 아이디어와 비전은 다른 사람들에게 영감을 줄 수 있으며, 지역 사회의 발전을 이끌 수 있는 원동력이 될 것입니다.

이제 여러분은 지역에서 한 걸음 더 나아가, 글로벌 시장에서도 경쟁할 수 있는 주체가 되어야 합니다. AI와 데이터의 힘을 빌려 여러분의 꿈을 이루고, 지역 사회의 변화를 이끌어 가는 주인공이 되시길 바랍니다. 여러분의 가능성을 믿고, 그 길을 걸어가는 용감한 인재가 되어 주길 바랍니다.

서울을 넘어, 여러분의 무한한 가능성이 펼쳐지는 그날까지 함께 나아갑시다! 여러분이 바로 그 변화를 만들어 갈 주인공입니다!

로컬에서 자생한 여러분은 소중한 가치와 가능성을 지니고 있음을 깨닫는 것이 중요합니다.

여러분은 언제든지 자신만의 길을 만들어 갈 수 있습니다. 서울은 많은 기회를 제공하지만, 그 모든 기회가 여러분의 성공을 보장하지는 않습니다. 더 중요한 것은 여러분이 스스로의 가치를 발견하고, 자신의 목표를 설정하는 것입니다. 여러분이 살고 있는 지역에는 숨겨진 가능성들이 가득합니다. 지역 사회에서의 경험은 여러분이 독창적인 아이디어를 내고, 나만의 브랜드를 만들어 가는 데 중요한 밑거름이 될 것입니다.

로컬 인재로서, 여러분은 큰 도시에 의존하지 않고도 세상에 영향력을 미칠 수 있습니다. 여러분의 목소리는 반드시 귀 기울여질 가치가 있습니다.

성공의 기준은 개인마다 다릅니다. 여러분이 스스로 세운 목표를 향해 나아가는 것이 진정한 성공입니다. 서울에서 태어난 사람들조차 그들의 기준에서 불행하다고 느낄 수 있다는 사실을 잊지 마십시오. 중요한 것은 외부의 기준이 아니라, 여러분들 자신의 기준이 가장 중요합니다.

　여러분, 자부심을 가지고 자신이 걸어온 길을 소중히 여기시길 바랍니다. 앞으로 나아갈 길은 무궁무진합니다. 여러분이 가진 가능성을 믿고, 자신만의 이야기를 만들어 나가길 바랍니다. 서울을 넘어, 여러분의 특별한 여정을 통해 진정한 행복을 찾을 수 있습니다. 여러분은 이미 그 가능성을 갖고 있습니다!

　여러분의 고향은 여러분이 활짝 피어날 수 있는 특별한 장소입니다. 그곳의 풍경, 사람들, 문화는 여러분에게만 주어진 독특한 자산입니다. 이 자산은 다른 누구도 대신할 수 없는, 오직 여러분만이 만들어 갈 수 있는 소중한 이야기의 시작점입니다. 그 이야기는 여러분이 어떤 꿈을 꾸고, 어떤 길을 걸어가느냐에 따라 더욱 빛날 것입니다.

　슬픔과 어려움 속에서도 여러분은 그 자산을 통해 놀라운 가능성을 발견할 수 있습니다. 지역 사회의 문제를 해결하고, 소중한 사람들과의 관계를 통해 따뜻한 감동을 나눌 수 있는 기회를 갖기를 바랍니다. 여러분이 가진 특별한 감성과 재능은 세상을 변화시키는 힘이 될 수 있습니다.

　여러분이 로컬에서 태어나고 자란 것은 결코 불행이 아닙니다. 그곳에서 다양한 가능성과 기회를 지니고, 많은 고민과 눈물을 흘리며 성장해 온 경험은 앞으로 나아가는 길에서 가장 강력한 자산이 될 것입니다. 이제 그 경험을 바탕으로 새로운 시작을 할 수 있는 기회를 맞이하게 되었습니다.

여러분, 세상은 여러분의 이야기를 기다리고 있습니다. 여러분은 그 이야기를 통해 진정한 나를 발견하고, 지역 사회에 긍정적인 변화를 가져올 수 있습니다. 여러분의 땀과 눈물은 결코 헛되지 않을 것입니다. 자신을 믿고, 용기를 내어 한 걸음씩 나아가세요. 여러분은 이미 그 길을 걸어갈 수 있는 능력을 가지고 있습니다.

서울을 넘어, 이곳에서 여러분의 눈부신 이야기를 써 내려가길 바랍니다. 여러분의 꿈은 충분히 실현 가능합니다. 그 꿈을 향해 달려가는 여러분의 모습은 세상에서 가장 아름다운 자화상이 될 것입니다. 힘내세요! 여러분은 결코 혼자가 아닙니다. 여러분의 여정이 응원받고, 사랑받는 길임을 잊지 마십시오!

나는 세상에서 가장 소중한 존재로, 내 고향의 뿌리를 가지고 이 땅에서 피어날 수 있는 힘을 지닌 사람이다! 누구보다도 빛나는 나의 이야기를 써 내려가고, 이곳에서 나의 꿈을 펼칠 것이다.

더 이상 남들과 나를 비교하지 않겠다. 내 안에 있는 열정과 사랑을 믿으며, 내 삶을 주도적으로 살아가리라. 세상의 모든 눈물이 나의 힘이 되고, 내 고향의 기쁨이 나의 가슴을 뛰게 한다!

 이제 두렵지 않다! 바로 AI와 데이터가 서울을 넘어 글로벌로 가고 결국 뉴로컬리즘으로 이어지기 때문입니다.

(2) 남들이 가지 않은 길 위에 나만의 꽃이 핀다

MBTI(Myers-Briggs Type Indicator)는 개인의 성격 유형을 이해하고 평가하기 위한 도구로, 외향성(Extraversion)과 내향성(Introversion), 감각(Sensing)과 직관(Intuition), 사고(Thinking)와 감정(Feeling), 판단(Judging)과 인지(Perceiving)의 4가지 차원을 바탕으로 16개의 성격 유형을 구분합니다. 예를 들어, ENTJ는 외향적이고 직관적이며 사고 중심적인 성향을 가진 사람을 나타냅니다. 그러나 MBTI는 개인의 복잡한 성격을 완전히 설명하지 않으며, 과학적 근거가 부족하다는 점도 고려해야 합니다. 성격 유형을 이해하는 데 유용할 수 있지만, 개인의 특성을 단순화하는 직관적인 분석에 그칠 수 있습니다.

인간의 성격은 단순히 16가지 유형으로 나눌 수 있는 것이 아닙니다. 지구상에 있는 모든 사람들은 각각 독특하며, 인구수만큼 다양한 성향이 존재합니다.

각기 다른 꽃들, 예를 들어 개나리, 진달래, 매화, 장미는 모두 독특한 색과 향기를 가지고 있습니다. 나무는 겉보기에는 평범할 수 있지만, 그 안에는 과학으로도 설명할 수 없는 특별한 생명력이 흐르고 있습니다. 오직 나무만이 그 생명력을 이해할 수 있습니다.

마찬가지로, 인간도 각자의 특별한 향기를 지니고 있으며, 고유한 시기에 꽃을 피울 수 있는 생명력을 모두 가지고 있습니다. 예를 들어, 10월에 개나리꽃이 피지 않는다고 해서 그 꽃을 꺾어 버린다면, 3월이 왔을 때 그 아름다움을 다시는 볼 수 없게 됩니다. 겨울에 피어나는 매화나무를 봄에 개나리꽃의 기준으로 판단해 꺾어 버리면, 12월의 매화꽃의 향기를 놓쳐 버리는 것과 같습니다.

인간 역시 각자의 개성과 특성에 따라 자라나야 하며, 남과의 비교에서 열등감을 느끼거나 멸시받아서는 안 됩니다. 우리는 서로 다른 모습과 형태를 가지고 있지만, 서로를 존중하고 화합하며 조화를 이루는 것이 중요합니다. 각자가 자신의 특성에 맞는 분야에서 독특한 성공을 이룬다면, 이 세상은 더욱 아름다워질 것입니다.

모든 인간은 하나뿐인 소중한 존재로 태어났습니다. 다른 사람과 비교하거나 낮추어 보는 것이 아니라, 각자의 고유한 가치를 인정하고 소중히 여기는 삶이 되어야 합니다.

우리는 각기 다른 고유한 생명체임에도 불구하고, 어릴 때부터 획일적이고 암기 중심의 교육을 받으며 청춘을 보내왔습니다. 미국이나 캐나다의 노년층에게 "인생에서 가장 행복했던 시기가 언제인가요?"라고 물어보면, 그들은 의외로 10대 시절이었다고 대답을 한다고 합니다. 이는 우리나라와는 사뭇 다른 대답이지요.

1980년대만 하더라도, 우리는 일제 강점기와 마찬가지로 동일한 교복을 입고, 획일적인 교육을 받았습니다. 고등학교 3학년 때면 불교의 스님들처럼 머리를 삭발해야 했습니다. 한 학급에는 70~80명이 모여 과중한 학업과 삶의 압박에 시달리며, 일방적인 주입식 교육을 경험했습니다.

이런 환경에서 자란 필자는 보상 심리가 발동하여, 제 자식만큼은 그러한 제약에서 벗어나길 간절히 바랐습니다. 가장 암울했던 정치적 갈등의 시기에 학교생활을 해야 했고, 자율적인 사고를 억압당하며 나만의 색깔을 찾고자 하는 반항심이 솟구쳤던 청춘이었습니다.

'N포 세대'라는 말은 줄 세우기 식의 1등 제일주의와 다양성을 잃고 너도나도 한 방향으로만 몰리는 사회의 통념 속에서 희생양이 되어버린 우리 청년들을 의미합니다.

그러나 누구나 자신의 존재는 그 무엇보다 그 자체로 가치 있고 소중한 것입니다. 각자는 저마다의 적성과 열망을 가지고 있으며, 그에 도전할 수 있는 기회를 가져야 합니다.

이제는 서로의 다름을 인정하고, 각자의 꿈을 존중하며 나아가야 할 때입니다. 우리는 더 이상 획일적인 틀에 갇히지 않고, 각자의 소중한 개성을 꽃피울 수 있는 세상을 만들어가야 합니다. 그렇게 우리의 청춘이 더욱 빛나길 바랍니다.

 친구 따라 강남 간다는 말은 우리 사회의 흐름을 잘 보여 줍니다. 한국 사회에서는 한국 사회의 의대 지상주의 만연은 어제오늘의 일이 아닙니다. 최근 의대 정원 증원 문제가 사회적 이슈가 되어 의정 분쟁이 최고조에 있습니다. 정부의 정책이 알려지면서 상위권 이공대로 진로를 정했던 입시생은 물론 심지어는 잘 다니던 대학을 뒤로하고 의대 입학을 다시 준비하는 사례가 대폭 늘고 있다는 씁쓸한 뉴스도 들려옵니다.

 이러한 현상은 단순히 개인의 선택이 아니라, 사회 전반에 걸친 압박과 기대의 결과로 나타납니다. 결국, 이로 인해 인재들은 과학기술 분야, 예술, 인문학 등 다양한 분야에서의 가능성을 놓치고 있습니다. 오직 한국에서만 볼 수 있는 이러한 교육과 진로 선택의 구조는 청년들에게 심리적 압박을 가하고, 동시에 그들의 잠재력을 제한하고 있습니다.

 이제 우리는 이러한 패턴에서 벗어나야 할 때입니다. 각자의 개성과 특성에 맞는 진로를 선택할 수 있는 환경을 조성해야 합니다. 무조건적인 의대 진학이나 특정한 방향으로만 나아가는 것이 아니라, 자신이 진정으로 원하는 것에 집중할 수 있어야 합니다. 예를 들어, 과학기술 분야에서의 경력이 두 번째로 평가받는다는 것은 곧 이 분야에서의 우수한 인재들이 사회에 기여할 기회를 잃고 있다는 의미입니다. 이것은 개인뿐 아니라 국가의 미래에도 부정적인 영향을 미칩니다.

남들이 선택하지 않는 길을 가는 것은 용기 있는 선택입니다. 이는 단순히 나만의 길을 찾는 것이 아니라, 새로운 가능성을 열어 가는 행위이기도 합니다. 청년들이 기존의 틀에서 벗어나 자신만의 길을 찾아 나설 때, 그들은 더 큰 행복을 찾을 수 있고, 그로 인해 지역 사회와 국가도 발전하게 됩니다.

이러한 선택은 종종 불안과 두려움을 수반할 수 있습니다. 그러나 그 불안이 내면의 소리를 들을 수 있는 기회로 작용한다면, 우리는 더욱 풍부한 경험과 깨달음을 얻게 될 것입니다. 예를 들어, 예술 분야에 진출하거나 창업을 시도한다면, 기존의 사회적 기대와는 다른 새로운 길을 만들어 갈 수 있습니다. 이 과정에서 청년들은 자신이 진정으로 원하는 것을 발견하고, 그로 인해 자신감을 갖게 되고 나아가 자아실현을 하게 될 것입니다.

또한, 남들이 선택하지 않는 길을 선택함으로써 우리는 지역 사회에도 긍정적인 영향을 미칠 수 있습니다. 지역에서 새로운 아이디어와 혁신을 추구하는 청년들이 많아질수록, 우리 지역은 더욱 활력 넘치는 공간으로 발전할 것입니다. 이로 인해 지역 경제가 활성화되고, 사람들은 다양한 옵션과 기회를 통해 서로 협력하며 성장할 수 있게 됩니다.

마지막으로, 청년 여러분에게 당부하고 싶은 것은, 여러분의 선택이 단순히 개인의 삶을 넘어 지역과 사회에 미치는 영향이 크다는 것입니다. 여러분이 선택한 길은 더 많은 사람들에게 영감을 줄 수 있습니다. 남들이 가지 않는 길을 선택하는 것은 두렵고 어려운 일이지만, 그 길에서 얻는 배움과 성장은 그 어떤 것보다 소중한 경험이 될 것입니다.

우리는 이제 한국 사회의 고정관념을 깨고, 다양한 가능성을 탐색하는 새로운 비전을 가져야 합니다. 각자의 개성에 맞는 방향성을 갖고 행복한 삶을 살아갈 때, 지역과 국가는 함께 부흥할 수 있습니다. 남이 하지 않는 선택은 결국 여러분을 더 큰 행복으로 이끄는 길이 될 것입니다.

"적어도 한 번은 남들과 다르게 생각하는 것을 두려워하지 마라."라는 앨버트 아인슈타인(Albert Einstein)의 말은 독창적인 사고와 선택이 혁신과 발견으로 이어질 수 있음을 강조하며, 남들과 다른 길을 선택하려는 행동에 대해 아인슈타인도 응원하는 것입니다.

(3) 새로운 언어를 배우고 나를 낯선 곳에 데려다 놓기

인생은 화살과도 같이 빠릅니다. 도대체 언제 도전할래요?

새로운 언어를 배우고 낯선 곳에 자신을 던지는 과정은 개인의 성장뿐만 아니라 글로벌 문화 이해와 교류를 촉진하는 중요한 여정이 됩니다. 언어는 단순한 의사소통 수단이 아니라 그 언어가 사용되는 문화, 역사, 가치관을 담고 있는 창입니다. 새로운 언어를 배우는 과정에서 우리는 그 언어가 가지고 있는 뉘앙스와 맥락을 이해하게 되고, 이를 통해 서로 다른 배경을 가진 사람들과의 소통을 더욱 풍부하게 만들 수 있습니다.

이 과정에서 우리는 자기 발견의 기회를 가집니다. 처음에는 어려움과 도전이 따르지만, 점차적으로 자신감을 얻고 성취감을 느끼게 됩니다. 새로운 언어를 배우며 자신의 한계를 넘어서게 되는 경험은 자신에 대한 깊은 이해를 가져다줍니다. 또한, 언어는 사람과 사람을 연결하는 다리 역할을 합니다. 새로운 언어를 통해 친구를 사귀고 문화 교류를 즐기며 세상을 더욱 넓게 바라보게 되는 것입니다.

언어를 배우면서 우리는 그 언어가 사용되는 문화에 대한 깊은 이해를 얻게 됩니다. 문화적 배경은 언어에 녹아들어 있으며, 그 나라 사람들의 사고방식과 생활 방식을 알게 됩니다. 이러한 이해는 우리가 새로운 사람들과 더욱 원활하게 소통할 수 있도록 도와줍니다. 이를 위해 다양한 문화 체험 프로그램에 참여하거나, 전통 요리 클래스와 같은 활동을 통해 현지인과의 교류를 늘려 가는 것이 좋습니다. 영화나 드라마, 음악을 활용하여 언어의 생생한 표현을 배우고, 그 안에 담긴 문화적 요소를 이해하는 것도 효과적입니다.

새로운 환경에 자신을 던지는 것은 처음엔 낯설고 불안할 수 있지만, 이러한 경험은 우리의 적응력과 문제 해결 능력을 키워 줍니다. 단기 어학연수나 교환학생 프로그램에 참여하여 실제 환경에서 언어를 사용해 보는 것도 좋은 방법입니다. 새로운 친구들을 사귀고 그들의 일상에 참여하게 되면 자연스럽게 언어를 배우고 문화에 적응할 수 있습니다. 또한, 외국에서 자원봉사 활동에 참여하면 다양한 사람들을 만나고 언어 실력을 키우는 동시에, 그들의 삶에 조금이나마 기여하는 경험을 할 수 있습니다.

필자의 새로운 언어를 배우는 시기의 에피소드를 소개하겠습니다.

1979년, 제1권이 출간된 민병철 생활영어는 그 당시 영어회화의 대명사로 여겨졌습니다. 제2권에 이어 1985년에는 5권이 출간되었고, 저는 그 전집 5권을 너덜너덜해질 때까지, 첫 장부터 마지막 장까지 순서도 바꾸지 않고 모두 외워 버렸습니다. 그 시기, 정동 MBC에서 일주일 분량의 방송분을 한꺼번에 녹화했기 때문에, 어렵게 방청권을 구해서

하루하루 녹화장에 나가던 저는 마치 외국에서 살다 온 사람처럼 중얼거리며, 영어에 흠뻑 젖어 있었습니다.

지금의 K-POP 팬들이 선망하는 스타를 쫓아다니는 것처럼 저는 영어에 푹 빠져 있었습니다. 이후 조화유 생활영어를 독파하고 EBS 영어방송의 교재를 달달 외우며, 미문화원에서 외국인들과의 세미나에 참여하고 영화도 감상하며 자연스럽게 미국인 직원들과 친해졌습니다. 어느새 저의 영어는 문장을 떠올리지 않고도 술술 풀릴 정도로 발전했습니다. 주변 사람들이 듣기에는 마치 같은 나라 사람으로 오해할 정도였습니다.

지금은 인터넷과 유튜브 덕분에 원하는 방송을 언제든지 보고, 전 세계의 콘텐츠를 손쉽게 접할 수 있는 시대입니다. 그러나 1980년대에는 ALA(AFKN Listening Association)라는 동아리에서 매시간 방송되는 5분짜리 뉴스를 카세트 테이프에 녹음하고, 피아노를 치듯 반복해서 받아 적으며 공부했습니다. 당시의 영어 학습 방법은 어린아이가 태어나서 먼저 듣고 말하는 것과 같았고, 원어민 아나운서의 말을 듣고 흉내 내며 연습하는 것이었으니 지금 생각해 보면 한편으로는 원시적인 방법이기도 했습니다.

1980년 5월, 광주 민주화 운동이 발생한 시기였습니다. 당시 여과 없이 방송된 뉴스를 받아 적으며, 한국에서는 접할 수 없는 내용들을 경험했습니다. 광화문에서 모임 중 경찰의 단속을 받기도 했습니다. 미 문화원을 제외한 많은 한국 관련 기사는 사전검열을 통해 삭제되었고, AFKN 뉴스의 생생한 보도 청취가 통제 대상이 되었지만, 학습 목적이라는 이유로 면죄부가 주어졌습니다.

매주 한 번 이태원의 종교 휴양소에 가서 미군들과의 교류를 통해, 그간 갈고닦은 영어로 서로의 문화를 이해하는 시간을 즐기곤 했습니다. 마치 아웃라이어의 백만 번의 법칙처럼, 듣고 또 듣고 하니 꿈속에서도 영어로 잠꼬대를 하게 되었고, 내 마음의 앵커가 되어 뉴스를 영어로 전하는 꿈을 꾸게 되었습니다. 대학 2학년까지의 시간은 마치 영어 전공 학생 못지않은 열정으로 가득 찼던 것 같습니다. 카세트 녹음기를 그렇게 자주 사용하니 해마다 두세 개를 갈아치워야 했을 정도였습니다. 그 열정은 나에게 글로벌한 마음을 품게 하는 첫걸음이었던 것 같습니다.

이러한 광적인 열정 덕분에 외국의 문화와 생활 방식을 이해하게 되었고, 자연스럽게 외국인들과 친해지는 성격의 변화를 경험했습니다. 지금 와서 되돌아보면, 청년 시기에 내가 하고 싶고 끌리는 일을 찾아 실행해 나가는 것이 얼마나 중요한지 깨닫게 되었던 것 같습니다. 각자의 꿈을 향해 나아가는 그 여정에서, 우리는 비로소 진정한 나 자신을 발견할 수 있습니다.

마지막으로, 언어 학습은 끝이 없는 여정이라는 귀중한 진리를 잊지 말아야 합니다. 목표를 설정하고 끊임없이 성장해 나가는 과정에서 우리는 다양한 경험을 쌓게 되며, 이는 우리의 삶을 더욱 의미 있고 풍요롭게 만들어 줄 것입니다. 단기 목표와 장기 목표를 체계적으로 마련하는 것이 중요합니다. 매주 특정 주제에 대해 깊이 있는 대화를 나누고, 한 달에 한 권의 책을 읽겠다는 구체적인 목표를 세워 이를 달성하기 위해 노력할 때, 비로소 언어의 바다 속에서 자신감을 찾을 수 있습니다.

언어 교환 모임이나 온라인 포럼에 참여하는 것은 지속적으로 언어를 사용할 기회를 마련해 줍니다. 서로의 경험을 나누고 피드백을 주고받는 과정은 동기부여의 원천이 됩니다. 우리는 보이지 않는 벽을 허물고, 언어라는 다리를 통해 서로를 이해하는 법을 배워 갑니다.

새로운 언어를 배우고 낯선 환경에 자신을 던지는 과정은 개인적인 성장과 문화적 이해를 증진시키는 소중한 기회입니다. 다양한 경험을 통해 얻은 통찰과 연결은 앞으로 나아갈 길에 강력한 힘이 될 것입니다. 우리는 매 순간, 언어로 엮인 세계 속에서 소통의 기쁨을 발견하며, 조화로운 삶을 만들어 가는 여정을 계속하게 됩니다. 우리의 이야기는 이제 막 시작되었고, 그 끝은 우리가 어떤 길을 선택하느냐에 달려 있습니다.

마르쿠스 아우렐리우스는 "당신이 생각하는 대로 당신은 된다"라는 명언을 남겼습니다. 이는 우리가 선택한 생각이 우리의 삶을 형성한다는 깊은 진리를 담고 있습니다.

새로운 언어를 배우고 낯선 곳에 자신을 던지는 과정은 이 명언을 실천하는 여정입니다. 언어는 단순한 의사소통의 도구가 아니라, 세상을 바라보는 시각을 넓히고 다양한 문화를 체험하게 하는 창입니다. 이 과정에서 여러분은 낯선 환경 속에서 자신을 발견하고 새로운 가능성을 열어 가는 경험을 하게 됩니다.

언어를 배우는 것은 일종의 모험으로, 자신이 알고 있는 세계의 경계를 넘어 새로운 세계로 나아가는 것입니다. 만나는 다양한 사람들과의 소통은 여러분의 사고방식을 확장시키고 인생의 깊이를 더해 줄 것입니다. 마르쿠스 아우렐리우스의 말처럼, 여러분이 생각하고 갈망하는 길로 나아가는 용기를 가지시길 바랍니다.

새로운 언어를 배우고 낯선 곳에 자신을 던질 때, 우리는 단순히 단어와 문장을 습득하는 것이 아니라, 더 넓은 시각을 갖춘 사람으로 성장합니다. 그러니 두려움을 떨치고 새로운 도전에 나아가세요. 그 여정은 여러분을 서울을 넘어 글로벌한 자신으로 변화시킬 것입니다.

(4) 서울의 성공 모델의 한계

서울은 다양한 기회와 자원이 공존하는 도시입니다. 그러나 청년들이 성공의 모델을 만들어 내기에는 여러 가지 한계가 존재합니다.

로컬에서 서울로 진출한 후 다시 돌아오는 '컴백' 현상은 최근 몇 년 동안 주목받고 있는 추세입니다. 특히 30대와 40대 연령층에서 이러한 경향이 두드러지고 있으며, 이는 높은 생활비, 경쟁 심화, 삶의 질 등을 고려한 다양한 요인에 기인하고 있습니다. 이러한 현상은 최근의 사회적 흐름으로 관찰되고 있으며, 앞으로도 지속될 가능성이 있습니다.

예를 들어, 서울로 진출한 이들은 처음에는 더 나은 직장 기회와 높은 소득을 기대하며 대도시로 향하지만, 시간이 지나면서 삶의 질과 균형을 중시하게 되는 경향이 있습니다. 한 38세의 직장인은 "서울에서의 빠른 삶과 높은 비용에 지치고, 결국 고향의 조용한 삶과 가족의 소중함을 깨달았다"며 최근 고향으로 돌아온 이유를 설명했습니다.

또한, 코로나19 팬데믹 이후 재택근무와 원격근무가 보편화되면서, 많은 이들이 대도시에서의 생활 부담을 덜고, 자신이 원하는 장소에서 일할 수 있는 기회를 얻게 되었습니다. 이러한 현상은 특히 지역 사회에서의 다양한 창업 붐과 연결되어, 로컬 경제가 활성화되는 긍정적인 결과를 가져왔습니다.

이처럼, '컴백' 현상은 단순한 귀환이 아니라, 삶의 우선순위를 재정립하고 자신이 진정 원하는 삶을 찾기 위한 선택으로 볼 수 있습니다. 서울이라는 대도시에서 얻은 경력과 경험은 지역 사회에서도 큰 자산으로 작용하며, 이는 지역 발전에도 긍정적인 영향을 미치고 있습니다.

최근 서울에서 직장생활을 하게 된 한 로컬 청년은 서울의 직장과 가까운 곳에서 선택할 수 있는 주거지가 몇 군데 없었고, 결국 고시원으로 향하게 되었습니다.

첫날, 그가 고시원에 들어섰을 때는 긴장과 설렘이 교차했습니다. 그러나 현실은 그가 상상했던 것과는 달랐습니다. 고시원의 침대는 좁고 딱딱했으며, '달랑 책상 하나'만이 그의 공간의 전부였습니다. 그곳에서 그는 공동 샤워장과 화장실을 사용해야 했고, 작은 사물함 속에는 비상용 먹거리 한두 개만 담겨 있었습니다.

매일 아침 일어나기 힘든 그 시간, 그는 좁은 방에서 느껴지는 답답함에 자주 옥상으로 올라갔습니다. 그곳에서 그는 서울의 빌딩 숲을 내려다보며 멍하니 생각에 잠기곤 했습니다. '내가 이렇게까지 해야 할까?' 고시원의 차가운 벽과 외로운 공기는 그를 더욱 외롭게 만들었습니다. 고시원에서의 하루하루는 지루하고 힘들었지만, 그는 작은 꿈을 안고 그곳에 머물러야 했습니다.

어느 날, 옥상에서 바람을 맞으며 한창 고민하고 있을 때, 그는 인근에 살고 있는 또 다른 청년을 만났습니다. 그 청년 역시 같은 꿈을 안고 서울에 올라왔지만, 수많은 실패와 좌절 속에 힘들어하고 있었습니다. 두 사람은 서로의 이야기를 나누며 깊은 공감대를 형성했습니다. 그 순간, 외로움은 조금씩 사라지고, 서로에게서 작은 위안을 얻었습니다. 두 사람은 함께 힘을 모아 각자의 목표를 이루기 위해 노력하기로 다짐했습니다.

이 청년의 사연은 생각보다 많은 이들에게 공감되었습니다. 또 다른 사례로, 한 대학 졸업생은 서울에서 대기업에 취업했지만, 비싼 전세금과 좁은 공간 등 끊임없는 경쟁에 지쳐 결국 고향으로 돌아간 경험을 이야기합니다. 그는 "서울에서의 삶은 나에게 꿈이 아닌 고통이 되었다"며, 고향의 편안한 집과 가족의 따뜻함을 그리워했다고 전했습니다.

이러한 이야기들은 서울이라는 대도시가 청년들에게 안식처가 아닌 시련의 무대가 될 수 있음을 일깨워 줍니다. 그들의 고단한 여정 속에서도 서로를 지지하며 일어서는 모습은 많은 이들에게 깊은 감동을 주며, 사회 초년생들이 겪고 있는 현실을 함께 나누게 됩니다.

서울의 젊은이들은 지금 어떤 현실 속에 살고 있을까요? 통계에 따르면, 1인 가구의 60% 이상이 10평 이하의 작은 공간에서 생활하고 있습니다. 그 좁은 방 안에서 그들은 꿈꾸는 삶을 상상하고, 더 나은 내일을 위해 애쓰지만, 현실은 결코 호락호락하지 않습니다. 이처럼 한정된 공간에서 살아가는 많은 청년들은 결혼과 출산에 대한 희망조차 접어야 하는 상황에 처해 있습니다. 서울의 전체 출산율이 전국 최하위를 기록하는 이유는 무엇일까요?

상상해 보세요. 한 젊은 부부가 서울의 원룸 공간에서 하루하루를 보내고 있다고 합시다. 그들은 서로의 손을 꼭 잡고, 희망을 잃지 않으려 애쓰지만, 그들의 눈빛 속에는 슬픔이 서려 있습니다. "우리가 아이를 낳으면 어떻게 할까? 이 좁은 방에서 세 명이 함께 살아갈 수 있을까?" 그들은 서로에게 질문하며, 과거의 꿈과 현재의 현실 사이에서 갈등합니다.

이 모습을 지켜보는 한 정치인은 그들의 고민을 가슴 깊이 느끼며 눈물을 흘립니다. 그는 서울의 미래를 걱정하며, 이러한 현실을 두고만 볼 수는 없다고 다짐합니다. "이제 우리 사회는 변해야 합니다. 아이들이 행복하게 자라날 수 있는 환경을 만들어야 해!" 그는 회의에서 단호한 목소리로 말합니다.

한 지역의 지자체장이 그 청년 부부의 이야기를 듣고 나서 깊은 고민에 빠집니다. "우리가 이들을 도와야 해! 주거 환경과 출산 지원을 강화하자!" 그는 나서서 지역 사회와 협력하여 청년들을 위한 주택 정책과 출산 장려 정책을 마련합니다.

한 로컬의 대학교 총장이 이 문제를 심각하게 받아들이고, 대학 내에서 젊은이들이 꿈을 꿀 수 있는 환경을 조성하기 위해 다양한 프로그램을 마련합니다. "우리가 미래의 주인공인 청년들을 위해 할 수 있는 일이 무엇인지 고민합시다!"라고 하며 학생들과의 대화 속에서 그들의 목소리를 듣고, 새로운 길을 찾기 위해 노력합니다.

그러나, 일론 머스크가 예언한 '한국의 종말'이라는 말이 점차 현실로 다가오고 있음을 느끼는 사람들은 두려움을 감추지 못합니다. 이들은 이제 자신의 고향을 떠나 해외로 나아갈 준비를 하며, 고향을 떠나는 마음속에는 애틋한 감정이 자리 잡고 있습니다. "우리가 이렇게 떠나야만 하는 걸까?" 그들의 눈에서 흐르는 눈물은 그들의 희망이 사라지는 아픔을 담고 있습니다.

이 모든 이야기가 담긴 무대는 결국 우리 사회의 현실을 반영합니다. 우리는 이들을 위해 무엇을 할 수 있을까요? 그들의 목소리에 귀 기울이고, 서로의 아픔을 나누는 것에서부터 시작해야 합니다.

이 이야기를 통해 우리는 단지 슬픔에 잠길 것이 아니라, 함께 나아갈 길을 모색해야 합니다. 서울이 아닌, 대한민국의 미래를 위해 젊은이들이 눈물을 흘리지 않고 행복하게 꿈꿀 수 있는 사회를 만들어야 합니다. 그 길은 결코 쉽지 않겠지만, 함께 손을 잡고 나아갈 때 세상은 조금씩 바뀔 것입니다. 아마 그들의 눈물은 희망의 씨앗이 될 것이고,

우리는 다시 웃을 수 있는 날을 꿈꿀 수 있을 것입니다.

칼훈(John B. Calhoun, 1917~1995)은 미국의 사회학자이자 생물학자로, 인구 밀도와 출산율과 관련된 연구로 유명합니다. 칼훈의 쥐 실험은 생물학적 및 사회적 요인이 개체군의 성장에 미치는 영향을 탐구한 중요한 연구입니다. 이 실험은 특히 환경의 밀도, 자원, 스트레스가 생물의 행동과 생식에 어떻게 영향을 미치는지를 보여 주었습니다. 이 연구 결과는 한국의 출산율 문제와 관련하여 몇 가지 중요한 의미를 가질 수 있습니다.

칼훈의 실험에서는 쥐들이 과밀한 환경에서 스트레스를 받았고, 이로 인해 출산율이 감소했습니다. 한국 역시 고밀도 도시 환경과 경쟁이 치열한 사회적 분위기로 인해 부모들이 출산을 기피하는 경향이 있습니다.
실험에서 자원이 제한적일수록 쥐의 출산율이 감소했습니다. 서울은 높은 생활비, 주거비, 교육비 등의 경제적 부담이 출산율 저하에 기여하고 있습니다. 젊은 세대는 자녀 양육에 필요한 자원이 부족하다고 느끼며, 이러한 경제적 요인이 출산을 미루거나 포기하는 이유가 됩니다.

실험에 나타난 것처럼 개체군의 생존과 번식은 환경적 요인 즉 인구 밀도가 너무 높아서 출산을 포기하여 결국에는 서울이 역사 속에서 점점 사라진다는 말이지요.

이뿐만 아니라, 서울의 경쟁적인 환경은 많은 청년들에게 큰 부담이 됩니다. 인구가 밀집한 도시에서 청년들은 수많은 경쟁자들과 싸워야 하며, 이러한 상황은 불안감과 스트레스를 유발할 수 있습니다. 치열한 경쟁 속에서 독창적인 아이디어를 실현하기보다는 안정된 직장을 찾는 데 초점을 맞추게 되는 경향이 있습니다. 이는 청년들이 자신의 꿈을 추구하는 데 방해가 될 수 있습니다.

또한, 서울의 높은 생활비는 청년들에게 또 다른 도전 과제가 됩니다. 비싼 생활비로 인해 많은 청년들은 경제적 압박을 느끼며, 이는 자아실현이나 창의적인 도전보다 생계유지에 더 많은 관심을 기울이게 만드는 요인이 됩니다. 결국, 이러한 상황은 청년들이 자신의 진정한 꿈을 추구하는 데 어려움을 겪게 합니다.

더 나아가, 서울의 대도시 특성상 인간관계가 피상적일 수 있습니다. 신뢰할 수 있는 멘토나 지원 시스템을 찾기가 쉽지 않은 상황에서는 청년들이 성장하고 발전하는 데 필요한 도움을 받지 못하게 됩니다. 사회적 기대와 압박이 큰 서울에서는 성공의 기준이 높고, 이러한 압박은 청년들로 하여금 정해진 틀 안에서만 행동하게 만드는 경향이 있습니다.

이러한 한계점 속에서 지역 로컬 인재들이 기억해야 할 점이 있습니다. 서울의 경쟁이 치열하다는 사실을 염두에 두고, 지역에서 자신만의 길을 찾는 것이 매우 중요합니다. 지역의 특성과 자원을 활용하여 독창적인 아이디어나 사업을 개발하면 오히려 더 큰 기회를 만들 수 있습니다.

지역 인재들은 창의성과 혁신을 적극적으로 추구해야 합니다. 큰 도시의 틀에서 벗어나 더 자유롭게 생각하고 행동할 수 있는 지역에서, 자신만의 브랜드나 사업 아이디어를 개발하는 기회를 찾아야 합니다. 이는 지역의 고유한 문화와 자원을 활용하는 기회로 이어질 수 있습니다.

물론 로컬에서의 도전 또한 결코 쉽지 않을 것입니다. 하지만 서울의 성공 모델에서 느꼈던 압박감과 경쟁의 부담에서 벗어나, 진정한 자신을 찾고, 자신의 꿈을 향해 나아갈 수 있는 기회를 제공합니다. 여러분의 열정과 창의력이 로컬에서 피어날 때, 그 모습은 더욱 빛나게 될 것입니다.

마지막으로, 자기 자신의 가치를 인식하는 것이 매우 중요합니다. 서울의 성공 기준에 얽매이지 않고, 자신의 독특한 경험과 가치를 소중히 여기는 것이 진정한 성공의 시작입니다. 자신을 믿고 사랑하는 것이 어떤 환경에서도 빛날 수 있는 힘이 됩니다.

여러분은 이미 로컬에서 많은 가능성을 지니고 있습니다. 서울의 화려함에 가려진 로컬의 아름다움과 가능성을 찾고, 여러분의 꿈과 비전을 실현해 나가길 바랍니다. 서울의 성공 모델의 한계는 반드시 있으며, 이를 자각한 여러분의 작은 발걸음이 모여 큰 변화를 만들어 낼 것입니다.

(5) 서울에선 별이 보이지 않지만, 로컬에선 꿈이 보인다

로컬 인재의 무한한 가능성과 성장 잠재력

필자는 경남 지역에서 자동차 부품 제조업체와 강소 IT 소프트웨어 개발 기업에서의 경험을 통해, 저는 이 지역 인재들이 가진 잠재력과 역량이 매우 뛰어나다는 확신을 갖게 되었습니다. 경남은 과거 산업화의 중심지로 자리 잡아 왔으며, 현재도 자동차 부품 산업과 IT 분야에서 많은 발전을 이루고 있습니다. 이처럼 경남의 사례는 전 세계 로컬 인재들이 어떻게 그들만의 가능성을 발견하고 성장할 수 있는지를 잘 보여 줍니다.

하지만 경남 지역 인재들이 마주하는 한계와 어려움은 여전히 존재합니다. 예를 들어, 정부와 기업의 자원이 서울에 집중되어 있고, 정부의 지원 정책이나 투자자금의 불균형으로 인해 수도권으로의 인재 유출 등이 문제로 나타나게 됩니다. 그럼에도 불구하고, 경남 지역 인재들이 글로벌 인재로 성장할 충분한 가치를 가지고 있다는 점을 강조하고 싶습니다.

전국의 다른 지역들 또한 비슷한 상황에 처해 있습니다. 예를 들어, 전라도의 농업 혁신이나 강원도의 관광 산업 등도 지역 인재들이 가진 가능성을 잘 드러내는 사례입니다. 이러한 다양한 지역적 특성과 자원을 통해, 우리는 로컬 인재들이 더 나은 미래를 위해 어떻게 성장할 수 있을지를 고민할 수 있습니다.

결론적으로, 경남의 사례를 통해 우리는 지역 인재의 가능성과 성장 가능성을 더욱 심층적으로 이해할 수 있으며, 이는 전국의 모든 로컬 인재들에게도 해당되는 이야기입니다. 지역의 자원을 최대한 활용하고, 지역 사회가 함께 협력할 때, 우리는 진정한 글로벌 인재를 육성할 수 있을 것입니다. 필자가 느낀 중요한 내용 몇 가지를 설명드리고자 합니다.

첫째, 경남 지역 인재들은 뛰어난 기술력과 풍부한 경험을 보유하고 있습니다. 자동차 부품 제조업체에서 일하는 이들은 고도의 기술력을 바탕으로 경쟁력 있는 제품을 생산하고 있으며, 변화하는 시장의 요구에 발맞추어 혁신적인 기술을 개발하고 품질을 개선하는 데 끊임없이 노력하고 있습니다. 또한, 강소 IT 기업의 인재들은 최신 기술을 적극 활용하여 지역 내 소프트웨어 개발 분야의 선두 주자로 자리매김하고 있습니다. 그들의 전문성과 창의성은 글로벌 시장에서도 충분히 인정받을 수 있는 귀중한 자산이 됩니다.

둘째로, 경남의 인재들은 자원의 한계 속에서도 문제를 해결하고, 새로운 기회를 창출하기 위해 끊임없이 노력하고 있습니다. 지역의 한계와 어려움은 오히려 인재들에게 도전의 기회를 제공합니다. 이러한 경험은 이들이 더욱 강한 역량을 갖추게 만들며, 글로벌 시장에서도 두각을 나타낼 수 있는 기초가 되고 있습니다. 서울에만 인재가 있는 것이 아니라, 경남에도 뛰어난 인재들이 존재하며, 그들은 언제든지 세계로 나아갈 준비가 되어 있습니다.

셋째로, 경남 지역 인재들은 자신들의 가능성을 믿고, 글로벌 시장에서 경쟁할 수 있는 능력을 가지고 있으며, 자신의 비전과 목표를 향해 나아가고 있습니다. 여기에 자신이 가진 역량을 믿고 도전하는 것이 중요하며, 지역 사회의 지원과 함께라면 그 가능성은 더욱 커질 것입니다.

결론적으로, 경남 지역 인재들은 뛰어난 역량과 기술력을 가진 글로벌 인재로 성장할 수 있는 충분한 잠재력을 가지고 있습니다. 지역의 한계와 어려움 속에서도 그들은 도전과 혁신을 통해 성장할 수 있으며, 이를 위해 필요한 지원과 동기부여가 절실합니다. 우리는 경남의 인재들이 자신의 가능성을 믿고, 글로벌 무대에서 당당히 나아갈 수 있도록 함께 나아가야 합니다.

지역 인재의 글로벌 진출과 정책의 필요성

최근 몇 년간 많은 청년들이 서울로 떠나는 이주 경향이 나타나고 있습니다. 이러한 인재 유출은 로컬 지역의 인력 부족과 경제적 활력 저하로 이어지고, 결국 지역 발전에 부정적인 영향을 미치게 됩니다. 청년들이 꿈을 이루기 위해 더 좋은 기회를 찾아 떠나는 것은 이해할 수 있지만, 이로 인해 지역 사회의 젊은 인구가 감소하는 것은 큰 손실입니다.

모두 잘 알고 있는 사람인이나 잡코리아는 인재와 기업을 연결해 주는 채용 플랫폼으로, 구직자와 기업 간의 원활한 소통을 촉진합니다.

이러한 플랫폼이 로컬에서 필요한 이유는 서울 중심의 정보보다 지역 내에서의 기회를 더 많이 제공하기 위해서입니다. 이 플랫폼은 글로벌 기업과 협력하여 지역 기업들이 해외 인재를 쉽게 채용할 수 있게 도와줍니다. 또한, 지역에서 일자리를 찾는 청년들에게는 글로벌 인재들과 서로 배우고 경쟁할 수 있는 다양한 기회를 제공해야 합니다.

더불어 무엇보다 중요한 것은 인구 감소의 문제에서 외국인 근로자 및 유학생들이 글로벌 기반의 로컬 플랫폼을 통해 대거 유입이 되도록 해야 합니다.

많은 청년들이 좋은 일자리를 찾기 위해 서울로 나가는 이유 중 하나는 정보의 비대칭성입니다. 경남의 인재 채용 플랫폼은 이러한 다양한 정보를 한곳에 모아 제공함으로써, 청년들이 보다 쉽게 접근할 수 있도록 합니다.

맞춤형 채용 지원은 청년들이 자신의 역량과 적성에 맞는 기업과 일자리를 찾도록 도와줍니다. 이를 통해 청년들은 자신이 원하는 직무와 환경에서 일할 수 있게 되고, 기업은 적합한 인재를 쉽게 찾을 수 있는 혜택을 누리게 됩니다.

지역 기반 글로벌 채용 플랫폼의 유치는 로컬의 경제와 사회 구조에 긍정적인 영향을 미칩니다. 지역 내 인재가 유지되고, 지역 기업이 성장하게 되면, 자연스럽게 지역 경제가 활성화되고 공동체가 더욱 단단해질 수 있습니다.

플랫폼을 통해 지역 사회가 서로 연결되고 지원하는 기회를 마련함으로써, 청년들이 로컬에서 자신의 꿈을 이루고, 지역 사회의 일원으로서 긍정적인 변화를 만들어 나갈 수 있는 기반을 마련할 수 있습니다.

경남 지역의 인재들, 즉 우리 지역의 인재들은 뛰어난 기술력과 잠재력을 가지고 있지만, 현재 그들이 직면한 현실은 매우 어렵습니다. 많은 인재들이 서울과 같은 대도시로 떠나고 있으며, 이는 지역 경제와 발전에 부정적인 영향을 미치고 있습니다. 하지만 우리는 이러한 문제를 해결하기 위해 적극적으로 노력해야만 합니다.

우리는 해외에서 인재를 유치하고, 동시에 우리 지역 인재들이 서울을 넘어 글로벌 시장에서 활약할 수 있도록 지원해야 합니다. 지역의 인재들이 글로벌 인재로 성장할 수 있는 기회를 제공한다면, 이는 경남의 경쟁력을 한층 더 높이는 결과를 가져올 것입니다. 더 나아가, 이러한 글로벌 인재들이 경남에 모여들게 하는 정책이 필요합니다.

우리는 더 이상 우리 지역의 소중한 인재들이 타지로 떠나지 않도록, 그들이 우리를 찾아오는 환경을 만들어야 합니다. 제가 이 책을 통해 전하고 싶은 것은 단순한 호소가 아닙니다. 이는 우리의 미래를 위한 절박한 외침입니다. 경남의 기업인, 정치인, 공무원 여러분, 우리의 소중한 인재들을 지켜 주십시오. 이들은 바로 우리의 희망이며, 내일의 경남을 이끌어 갈 주역입니다.

이제는 그들의 마음속에 '경남이 바로 나의 고향, 나의 터전'이라는 확신을 심어 줄 정책이 필요합니다. 인재 유치를 위한 정책 개발과 실행을 통해, 이들이 경남에 뿌리를 내리고 안정적으로 정착할 수 있도록 다양한 지원을 아끼지 말아야 합니다. 주거 문제, 교육 환경, 그리고 일자리 창출에 이르기까지, 인재들이 자신이 꿈꾸는 삶을 실현할 수 있는 안전하고 따뜻한 보금자리를 만들어 주길 간절히 바랍니다.

경남도청, 창원시청, 창원산업진흥원, 경남테크노파크, 경남경제진흥원, 한국산업단지공단 경남지역본부, 사천의 우주항공청 등등 여러분의 손길이 필요합니다. 여러분의 리더십과 결단력이 경남의 미래를 바꿀 수 있습니다. 서울에선 별이 보이지 않지만 로컬에서는 꿈이 보인다는 말은 우리들이 꿈꾸는 세상은 우리 발밑 즉, 로컬에 있다는 의미입니다.

(6) 로컬의 잠재력이 주목받는 이유

워런 버핏과 일론 머스크, 이 두 인물은 각각 미국 오마하와 남아프리카 프리토리아라는 지역에서 성장했습니다. 그들이 자란 고향의 풍경은 각자의 인생 여정에 지대한 영향을 미쳤습니다.

오마하에서 자란 버핏은 소박한 환경 속에서 비즈니스의 기본을 배우며, 사람들의 신뢰와 가치의 중요성을 체득했습니다. 그는 가족과 지역 사회의 지혜를 바탕으로 투자에 대한 독창적인 통찰력을 키웠습니다.

반면, 머스크는 프리토리아의 다양한 문화 속에서 빠르게 변화하는 세상에 대한 호기심과 기술에 대한 열정을 발견했습니다. 그의 성장 과정에는 역경과 도전이 가득했지만, 그 모든 경험은 그를 더욱 강인하게 만들었습니다.

한국의 로컬 청년들에게 전하고 싶은 메시지가 있습니다. 여러분의 뿌리는 여러분의 힘입니다. 여러분이 자란 지역은 단순히 물리적인 공간이 아니라, 여러분의 정체성과 가능성을 키워 주는 토양입니다. 여러분이 경험한 일상 속의 작은 것들이, 여러분의 꿈을 이루는 데 큰 자양분이 될 수 있습니다. 비록 지리적 불리함이나 환경적 역경이 여러분 앞에 놓여 있을 수 있지만, 그 속에서도 기회를 찾는 것이 중요합니다.

예를 들어, 한국의 작은 마을에서 자라는 청년이 있다고 가정해 봅시다. 그는 세계적인 기업의 CEO가 되는 꿈을 가지고 있습니다. 처음에는 자신의 꿈이 너무 원대하게 느껴질 수 있습니다. 하지만 그의 지역 사회에서의 경험, 이웃들과의 소통, 그리고 작은 성공의 연속이 결국 그를 세계로 나아가게 할 발판이 될 수 있습니다.

그가 장터에서 사람들과의 소통을 통해 배운 신뢰와 협력의 가치는, 그가 글로벌 비즈니스를 운영할 때 큰 자산이 될 것입니다.

인문학적 사고를 통해 우리는 더 깊이 있는 이해와 지혜를 얻을 수 있습니다. 책을 읽고, 다양한 관점을 접하며, 사람들과의 대화를 통해 우리는 세상을 바라보는 시각을 넓힐 수 있습니다. 이러한 과정은 여러분이 겪는 역경을 극복하는 데 필요한 통찰력을 제공할 것입니다. 그러므로 여러분은 자신의 이야기를 만들어 가야 합니다. 여러분이 자란 지역에서 얻은 지혜와 경험을 바탕으로 세상에 도전해 보시기 바랍니다.

각자의 작은 꿈이 모여 거대한 변화로 이어질 수 있습니다. 자신이 가진 가능성을 믿고, 최선을 다해 나아가시기 바랍니다. 여러분의 노력과 열정이 결국에는 더 큰 세상으로 나아가는 길을 열어 줄 것입니다. 지금 이 순간, 여러분의 뿌리를 깊게 내리며, 그곳에서 움트는 꿈을 키워 가시길 바랍니다.

워런 버핏과 일론 머스크, 이 두 인물도 잘 알려진 로컬에서 성장하였습니다. 로컬은 우선, 지역은 대도시와는 다른 독특한 자원과 문화를 가지고 있습니다. 이런 자원은 지역 주민들이 창의적이고 혁신적인 아이디어를 발전시키는 데 큰 도움이 됩니다.

또한, 지역 사회는 대도시에 비해 상대적으로 경쟁이 덜 치열합니다. 지역에서는 아직 발굴되지 않은 기회가 많습니다. 이러한 환경은 청년들이 좀 더 자유롭게 창의력을 발휘하고, 자신만의 비즈니스를 시작할 수 있는 여지를 제공합니다.

사람들 간의 연결이 더 강한 것도 지역의 큰 장점 중 하나입니다. 지역 사회는 대도시보다 더 밀접한 인간관계를 형성할 수 있는 기회를 제공합니다. 이로 인해 서로 도와주고, 지지할 수 있는 네트워크가 형성되기 쉽습니다. 청년들이 서로의 경험을 나누고, 멘토를 찾거나 협력할 수 있는 기회가 많아지는 것입니다.

또한, 정부와 지자체에서 지원하는 다양한 프로그램과 정책이 지역 청년들에게 큰 도움이 됩니다. 많은 지역에서는 창업 지원, 교육 프로그램, 인턴십 기회 등을 제공하여 청년들이 성장할 수 있도록 돕고 있습니다. 이러한 지원은 청년들이 지역에서 자신감을 가지고 활동할 수 있는 기반을 마련해 줍니다.

특히, 대한민국의 제조 산업은 최근 AI 기술의 발전과 정부의 적극적인 지원 덕분에 새로운 전환기를 맞이하고 있습니다. 이러한 변화는 로컬 청년들에게 꿈과 희망을 줄 수 있는 중요한 기회로 작용하고 있습니다.

스마트 제조의 경우 AI와 IoT(사물인터넷)의 결합으로 제조 과정이 스마트하게 변화하고 있습니다. 이는 생산성 향상과 비용 절감을 이끌어 내며, 로컬 기업들이 경쟁력을 갖추는 데 도움을 줍니다.

데이터 기반의 AI는 대량의 데이터를 분석해 유의미한 인사이트를 제공함으로써, 제조 과정의 효율성을 높이고 제품 품질을 개선하는 데 기여합니다. 이러한 기술들은 로컬 기업들도 쉽게 도입할 수 있도록 만들어져, 청년들이 이 분야에서 활발히 활동할 수 있는 기반이 마련되고 있습니다.

정부는 스타트업을 지원하기 위해 로컬 지역에서 다양한 프로그램을 운영하고 있습니다. 청년 창업자들에게 자금 지원, 멘토링, 교육 등을 제공하여 그들이 자신의 아이디어를 실현할 수 있는 기회를 만들어 주고 있습니다.

정부와 교육 기관들이 AI 관련 교육을 강화하고 있으며, 이는 로컬 청년들이 최신 기술을 배우고 이를 활용하여 지역 산업에 기여할 수 있는 기회를 제공합니다.

스마트 팩토리 구축으로 제조업체들이 AI와 자동화를 도입함에 따라, 새로운 기술을 가진 인력에 대한 수요가 증가하고 있습니다. 이는 로컬 청년들에게 양질의 일자리를 제공할 수 있는 가능성을 열어 줍니다.

로컬 청년들은 AI를 활용한 다양한 창의적 산업(예: 디자인, 콘텐츠 제작, 데이터 분석 등)에 진출할 수 있는 기회를 가지게 됩니다. 이는 지역 경제에 긍정적인 영향을 미치며, 청년들의 꿈을 실현할 수 있는 가능성을 높입니다.

최근에는 원격 근무와 디지털 기술의 발전으로 인해 지역에서의 삶이 더욱 매력적으로 변하고 있습니다. 청년들이 서울과 같은 대도시에서 일할 필요가 없어지면서, 삶의 질과 일의 균형을 중시하는 경향이 강해지고 있습니다. 이로 인해 많은 청년들이 자신이 원하는 삶을 살기 위해 지역으로 돌아오거나 지역에서 활동하기를 원하게 됩니다.

이러한 여러 요소들이 결합되어 지역의 잠재력이 주목받고 있으며, 청년들에게는 새로운 기회를 만들어 주고 있습니다. 지역에서의 활동은 단순히 생계를 유지하는 것을 넘어, 자신만의 꿈과 목표를 실현할 수 있는 기회가 될 것입니다.

최근 지역의 잠재력이 크고 다양하게 부각되고 있는 사례들은 지역 인재들에게 강한 자부심과 동기를 부여할 수 있는 소중한 기회를 제공합니다.

대전 성심당은 2023년에 최초로 단일 빵집 브랜드로서 16개의 점포가 대전에만 있으며, 매출 1,000억 원을 넘었으며, 영업이익 또한 315억 원으로 증가했습니다.
파리바게뜨의 매장은 1,600개이며 매출은 가장 높은 3,806억 원을 기록했지만, 영업이익은 223억 원으로 성심당보다 낮습니다.
뚜레쥬르는 점포 수 560개이며 매출 2,373억 원에 영업이익은 214억 원으로, 성심당에 비해 영업이익에서 뒤처졌습니다. 이 사례는 로컬 청년들에게 여러 중요한 시사점을 제공합니다.

첫째, 지역 브랜드의 중요성입니다. 성심당은 대전 지역 내에서 강력한 브랜드 충성도를 구축하며, 지역 특성과 문화를 반영한 제품을 제공함으로써 소비자들의 사랑을 받고 있습니다. 이는 로컬 청년들이 자신의 지역에서 자원과 기회를 활용하여 창의적인 사업을 구상하고 추진할 수 있는 중요한 본보기가 됩니다.

둘째, 품질과 차별화된 전략입니다. 성심당은 단순히 점포 수에 의존하지 않고, 품질 높은 제품을 지속적으로 개발하여 소비자들에게 신뢰를 얻고 있습니다. 청년들은 이러한 성심당의 접근법을 본받아 기존의 틀에 얽매이지 않고 차별화된 가치를 제공하는 데 집중해야 하며, 이는 경쟁에서 우위를 점하는 데 중요한 역할을 할 것입니다.

셋째, 지속 가능성입니다. 성심당의 영업이익은 단기적인 성과에 그치지 않고 장기적인 관점에서 지속 가능한 성장을 이루는 비즈니스 모델을 구축한 결과입니다. 로컬 청년들은 초기의 성공에 안주하지 않고, 지속 가능한 성장을 위해 체계적인 계획과 실행에 힘써야 합니다.

마지막으로, 지역 경제 기여입니다. 성심당의 성공은 개인의 성과를 넘어서 지역 경제의 활성화로 이어지며, 이는 지역 사회 전반에 긍정적인 영향을 미칩니다. 로컬 청년들이 자신의 사업을 통해 지역 사회에 기여할 수 있는 가능성을 인식하고, 이를 목표로 삼는다면, 지역 사회와 함께 성장할 수 있는 기회를 창출할 수 있을 것입니다.

결론적으로, 대전 성심당의 사례는 로컬 청년들에게 지역 브랜드의 중요성과 품질, 지속 가능성, 그리고 지역 사회에 대한 기여의 필요성을 일깨워 주며, 그들이 새로운 기회를 창출할 수 있는 길잡이가 됩니다. 이러한 원칙을 바탕으로 청년들은 자신만의 독창적인 사업을 통해 지역 사회를 발전시키고, 더 나아가 경제적 성과를 이룰 수 있는 가능성을 가지게 됩니다.

이러한 사례들은 지역 인재들에게 자신이 속한 지역의 발전에 기여할 수 있는 기회를 제공하며, 자신들의 독창적인 아이디어와 열정이 지역의 미래를 밝힐 수 있음을 상기시킵니다.

각 지역에서 일어나는 변화와 성장은 결코 우연이 아닙니다. 이는 지역 주민들이 자발적으로 자신의 역량을 발휘하고, 지역 사회의 가치를 높이기 위해 노력한 결과입니다. 따라서 지역 인재들은 이러한 성공 사례를 통해 자부심을 느끼고, 자신이 가진 잠재력을 믿으며 앞으로 나아가야 합니다. 여러분의 작은 변화와 도전이 지역 사회에 긍정적인 영향을 미칠 수 있으며, 결국에는 여러분 자신에게도 큰 보상을 안길 것입니다.

결국, 이렇게 서울이라는 대도시에서는 가질 수 없는 독특한 고유의 로컬 자원 로컬 자원은 지역 청년들에게 귀중한 기회를 제공합니다. 이들은 독특한 자연환경과 전통문화를 기반으로 새로운 가치를 창출하고, 이를 통해 자신의 꿈을 실현하는 데 필요한 동기를 부여받게 됩니다. 뉴로컬리즘은 이러한 가능성을 적극적으로 지원하며, 지역 청년들에게 동기를 부여하고 있습니다. 워런 버핏이 성공을 이룬 미국의 소도시 오마하와 일론 머스크가 태어난 남아프리카의 프리토리아 이 두 지역은 그들이 거둔 성취를 통해 우리에게도 가까운 꿈과 희망이 있다는 것을 말해 줍니다.

이제는 지역 청년들이 자신만의 길을 찾고, 로컬 자원을 통해 글로벌 시장에서도 경쟁력을 갖출 수 있게 되는 시대입니다. 매력적인 로컬 자원의 잠재력은 단순한 자산이 아니라, 지역 청년들이 미래를 여는 열쇠가 될 것입니다.

(7) 로컬 문화의 다양성과 정체성

김해시는 역사적으로 인도와 깊은 연관성을 지닌 도시입니다. 이는 단순히 과거의 이야기가 아니며, 현재와 미래를 아우르는 중요한 연결고리입니다.

전해지는 바에 따르면, 왕비의 성은 허(許)이며 이름은 황옥(黃玉)으로, 본래 인도의 아유타국(阿踰陁國)의 공주로서 서기 48년 가야에 와서 수로왕의 비가 되었다고 합니다. 이처럼 김해는 인도와의 깊은 인연을 지닌 장소로, 이러한 역사적 배경을 바탕으로 김해와 인도를 잇는 공동문화 특구 설립을 구상하는 것은 매우 의미 있는 제안입니다.

이러한 공동문화 특구는 한국과 인도의 문화 교류를 증진시키고, 외국인 유학생을 유입하는 데 기여할 수 있습니다. 김해에 인도 대학의 분교를 유치하거나, 양국의 문화와 교육을 융합한 프로그램을 운영함으로써, 지역 경제와 문화가 활성화될 수 있습니다. 외국인 유학생들이 이 지역에서 생활하고 학습하게 되면, 그들은 지역 사회에 새로운 아이디어와 다양한 문화적 요소를 가져오게 됩니다.

이는 지역 주민들에게도 글로벌 감각을 기를 수 있는 기회를 제공하며, 서로 다른 배경을 가진 사람들이 함께 소통하고 성장할 수 있는 소중한 장이 될 것입니다.

필자는 인도 IT 회사에서 한국 지사장으로 일하며 많은 인도 공과대학 인재들과 함께 글로벌 프로젝트를 수행했습니다. 이 경험을 통해 다양한 문화와 이해가 바탕이 되어야 소통이 잘 되고 일이 성공할 수 있다는 것을 깨달았습니다.

따라서, 김해의 로컬 문화를 인도의 대학 또는 문화단체들과 교류하는 것은 지역 사회의 발전을 위한 작은 시작이 될 것입니다. 이러한 교류는 서로의 문화와 아이디어를 상호 이해하고, 글로벌 네트워크를 구축하는 데 큰 도움이 된다고 생각합니다.

김해와 인도의 문화 및 예술과 교육을 나누는 프로그램이 진행된다면, 우리 지역의 젊은 인재들이 더 넓은 시각을 갖출 수 있을 것입니다. 이는 단순히 학문적인 교류에 그치지 않고, 서로의 문화를 이해하고 존중하는 계기를 마련해 줄 것입니다.

우리는 지방 인구 소멸 문제를 해결하기 위해 긴 안목을 가지고 전략적으로 접근해야 합니다. 지역 사회의 모든 구성원이 함께 참여하여 다양한 문화와 경험을 공유하고, 이를 통해 서로의 차이를 이해하고 존중하는 환경을 조성하는 것이 필요합니다. 교육기관과 공공기관은 이러한 문화 교류를 지원하고 활성화하는 역할을 맡아야 하며, 청년들이 자신의 잠재력을 발휘할 수 있는 프로그램과 기회를 제공해야 합니다.

우리나라의 각 지역은 저마다의 독특한 색깔을 지니고 있습니다. 이들 지역은 사람들의 삶과 이야기로 가득 차 있으며, 그 안에는 지역 주민들의 영혼이 담겨 있습니다. 로컬 문화는 단순한 전통이나 관습이 아니라, 우리가 살아가는 데 있어 중요한 이정표이자 정체성을 형성하는 중요한 요소입니다. 우리가 이 문화를 소중히 여길 때, 그 가치는 더욱 빛을 발합니다.

특히 청년들은 이러한 로컬 문화의 주인공으로서 독특한 시각을 가지고 있습니다. 그들은 지역의 전통을 현대적으로 재해석할 수 있는 창의적인 힘을 지니고 있으며, 그 무한한 가능성은 지역 사회의 발전과 글로벌 시장에서의 경쟁력으로 이어집니다. 예를 들어, 전통 춤이나 음악을 현대적인 요소와 결합하여 새로운 형태로 탄생시키는 모습은 과거와 현재를 잇는 다리 역할을 합니다.

청년들이 이러한 꿈을 실현하기 위해서는 제도적이고 실질적인 지원이 필요합니다. 공무원들은 청년들이 참여할 수 있는 다양한 프로그램과 자원을 제공해야 하며, 지역 축제와 문화 행사에 대한 지원으로 청년들이 자신의 재능을 발휘할 수 있는 소중한 기회를 만들어 주어야 할 것입니다. 이러한 지원은 단순한 재정적 지원을 넘어서, 청년들이 창출한 아이디어와 프로젝트가 지역 사회의 정체성과 결속력을 강화하는 중요한 요소가 될 것입니다.

또한, 교육계의 역할도 매우 중요합니다. 교육 기관은 청년들이 보다 깊이 있는 경험을 할 수 있도록 다양한 프로그램을 제공해야 합니다. 예를 들어, 로컬 문화를 중심으로 한 리더십 프로그램이나 창의성 개발 워크숍은 청년들이 자신의 정체성을 찾고, 지역 문화를 이해하는 데 큰 도움이 됩니다. 이러한 과정을 통해 그들은 자신의 뿌리를 깊이 이해하고, 자신이 살고 있는 지역에 대한 자부심을 느끼게 될 것입니다.

로컬 문화가 글로벌 시장에 나아가는 길은 여러 성공 사례로 입증되었습니다. 일본의 애니메이션은 전통과 현대를 성공적으로 결합하여 세계적인 사랑을 받고 있습니다. 이처럼, 우리는 로컬의 매력을 잘 살려 글로벌로 나아갈 수 있는 가능성을 가지고 있습니다.

웹툰과 콘텐츠의 글로벌화도 마찬가지로 가능성을 보여 줍니다. 디지털 플랫폼의 발전 덕분에 웹툰은 언제 어디서나 쉽게 접근할 수 있으며, 이는 전 세계의 다양한 독자에게 로컬 콘텐츠를 노출하는 기회를 제공합니다. 특히 SNS 플랫폼은 이러한 콘텐츠의 확산을 가속화하며, 창작자들은 자신의 작품을 다양한 경로로 홍보하고 독자들과 직접 소통할 수 있는 시대에 살고 있습니다.

K-드라마와의 연계로 웹툰의 인지도가 높아지는 기회도 많아졌습니다. '나 혼자만 레벨업'과 '여신강림' 같은 작품은 웹툰에서 시작해 드라마로 제작되며 큰 인기를 끌었습니다. 이들을 통해 한국의 문화적 요

소는 자연스럽게 해외로 퍼져 나가고 있습니다. 이러한 흐름 속에서 청년들은 자신의 창의성을 발휘하며, 로컬 문화를 세계에 알리는 중요한 역할을 맡게 됩니다.

K-팝 아티스트들이 한국의 전통 음악 요소를 현대적인 팝 음악과 결합하여 전 세계를 매료시키는 예도 있습니다. 그들의 음악은 단순한 오락을 넘어, 한국 문화를 세계에 알리는 중요한 전파자로서의 역할을 하고 있습니다. 이러한 로컬 문화가 글로벌로 나아가면서 생기는 무한한 가능성을 우리는 이미 목격하고 있습니다.

마지막으로 우리가 배울 점은 로컬 문화를 지키고 발전시키기 위해서는 지역 사회의 모든 구성원이 참여해야 한다는 것입니다. 지역 내 다양한 구성원들이 함께 노력함으로써 지역 정체성을 강화하고, 글로벌 무대에서의 경쟁력을 갖출 수 있습니다.

다양한 아이디어와 경험을 가진 사람들이 모여 함께 고민하고 실천할 때, 우리는 지속 가능한 발전을 이룰 수 있습니다. 로컬 문화의 힘을 믿고, 그 자체가 글로벌로 이어지고 나아가 뉴로컬리즘으로 승화되어 그 꿈을 함께 이루어 나가기를 기대합니다.

4

뉴로컬리즘의 무대로

(1) 로컬의 특장점이 환영받는 시대가 왔다

현재 우리는 글로벌화의 물결 속에서 보호무역주의로 인해 탈글로벌 시대의 복잡한 현실을 마주하고 있습니다. 하지만 이러한 혼란의 시기에도 로컬의 힘은 그 어느 때보다 중요해지고 있습니다.

소비자들은 이제 단순히 제품의 품질만을 따지지 않습니다. 그들이 구매하는 제품이 어떻게 만들어졌는지, 그리고 그 뒤에 숨겨진 제작자의 이야기에 귀를 기울이기 시작했습니다. 이것은 여러분이 지역에서 시작한 아이디어와 프로젝트가 특별한 가치와 의미를 지닌다는 것을 보여 줍니다. 여러분의 경험, 문화, 그리고 그 속에서 엮인 커뮤니티의 결속력은 세상에 단 하나뿐인 자산입니다. 우리는 지금, 지역의 고유한 매력과 특색이 더욱 빛을 발하는 시대에 살고 있다는 점을 잊지 말아야 합니다.

이러한 흐름 속에서 지역 청년들은 자신의 아이디어와 창의성을 펼칠 수 있는 기회를 맞이하고 있습니다. 그들이 가진 독특한 경험과 시각은 단순히 지역 사회의 발전을 넘어, 더 넓은 세계와의 연결을 통해 새로운 가치를 창출할 수 있는 잠재력을 품고 있습니다.

주변을 둘러보면, 이러한 가능성을 실현한 다양한 성공 사례들이 존재합니다. 지역의 작은 카페가 세계적인 인정을 받거나, 지역 농부들이 만든 유기농 제품이 소비자들의 사랑을 받는 등의 이야기들은 우리에게 큰 영감을 줍니다. 이들은 그저 제품을 판매하는 것이 아니라, 지역 사회와 문화를 담아내고, 소비자와의 진정한 연결을 만들어가는 과정 속에 있습니다.

우리는 이제 더 이상 단순한 생산자, 소비자에 머물러선 안 됩니다. 우리는 이야기의 주인공이며, 이 이야기를 함께 만들어 가는 공동체의 일원입니다. 로컬의 힘을 통해 우리의 약속과 신념을 실현해 나갈 수 있습니다. 그러므로 여러분의 아이디어가 특별한 가치를 담고 있음을 믿고, 그 꿈을 실현하기 위한 첫걸음을 내딛기를 바랍니다. 여러분의 변화가 로컬에서 시작되어, 결국에는 세상을 바꾸는 큰 흐름이 될 것입니다.

일본의 가미야마 마을의 사례는 우리의 로컬 문화와 청년의 역할에 대한 좋은 교훈을 제공합니다. 이 마을은 1927년 미국과의 인형 교류

사업으로 시작하여, 1991년 30명의 방문단이 가미야마 국제교류협회를 결성하며 본격적인 문화 교류를 시작하였습니다. 특히, 외부 예술가들을 초대하고, 외국어 교육 프로그램을 유치함으로써 개방적이고 자유로운 분위기를 조성했습니다.

가미야마 마을은 일자리와 지방 소멸 문제를 장기적 관점에서 바라볼 때, 인구가 20,000명에서 5,300명으로 급격히 감소한 후 2008년부터 청년 161명이 유입되면서 놀라운 변화를 겪었습니다. 이 마을은 다양성을 수용하고 개방적인 태도를 유지하며 외부인에게 관대함을 보여줌으로써, 미국 실리콘밸리의 오오미나미와 같은 인물로부터 IT 기업을 유치하는 데 성공했습니다. 이를 위해 세제 혜택과 다양한 인센티브를 제공하는 정책을 시행하였습니다.

가미야마는 또한 유명 예술가들을 초대하여 주민들과 함께 예술 작품을 제작하는 과정을 통해 '예술가 마을'로 발전하였고, 이는 인구 유입을 촉진하는 역할을 했습니다. 외부인을 유치할 때는 일자리를 가진 이주자들을 적극적으로 초청하고, 원격 근무에 적합한 스마트 워킹 환경을 제공하는 일시 체류형 사무실을 유치하여 주거 환경과 생활 인프라를 개선했습니다. 신규 이주자들이 편안하게 정착할 수 있도록 주민들이 필요로 하는 공공시설과 커뮤니티 공간을 적극적으로 개발하였으며, 이러한 노력은 청년층의 일자리 창출과 지역 경제 활성화에 기여하였습니다.

또한, 지역 주민들과 기업 간의 네트워킹 기회를 제공하고 주민들의 의견을 반영한 정책을 시행하여 새로운 주민들이 정착할 수 있도록 지원하였습니다. 주택 개발은 서두르지 않고 3~4년에 걸쳐 공동으로 건축하여 건강한 커뮤니티를 만들어 갔습니다. 카페, 공원, 공동 작업 공간 등을 조성하여 주민들의 삶의 질을 높였습니다.

가미야마는 지역의 자연환경과 문화유산을 활용하여 관광 자원을 개발하고, 지역 주민들이 직접 운영하는 관광 프로그램과 체험 활동을 통해 외부 방문객을 유치하는 데 성공했습니다.

이 모든 과정에서 '사람'이라는 모토가 중요하다는 것을 확인할 수 있습니다. 가미야마의 사례는 IT, 농업, 임업, 예술, 교육 등 다양한 분야에서 사람들이 중심이 되어 세대가 교체되더라도 지속 가능하고 장기적으로 성공할 수 있는 모델임을 보여 줍니다.

이러한 환경은 지역 주민들이 외부와 소통하고 새로운 아이디어를 받아들이는 데 큰 도움이 되었습니다. 특히, 가미야마 마을의 '그린밸리'라는 민간단체는 귀농을 유도하는 일반적인 방식에서 벗어나, 일자리를 가진 이주자를 적극적으로 유치하는 독창적인 전략을 사용했습니다. 이는 인구 감소라는 문제를 해결하기 위한 새로운 접근법이라고 볼 수 있습니다.

이처럼 가미야마는 오랜 시간 동안 외부와의 소통을 통해 지역 문화를 발전시켜 온 사례로, 우리도 이러한 역발상을 통해 로컬 문화와 경제를 활성화할 수 있다는 교훈을 얻을 수 있습니다.

이러한 사례는 모두 지역의 특장점을 기반으로 하여 그 가치를 극대화한 결과입니다. 지역 청년들은 자신의 뿌리를 잊지 않고, 그 안에서 자원을 발굴하며 성공적인 사업을 이끌어 갈 수 있습니다. 기성세대는 이러한 청년들의 도전에 대해 지지하고, 멘토링을 통해 함께 성장할 수 있는 기회를 만들어 주어야 합니다. 로컬의 특장점을 살려 나가는 이 과정에서, 우리는 더욱 풍요롭고 다양한 지역 사회를 구축할 수 있을 것입니다.

(2) 로컬의 숨겨진 매력

로컬에서 100만 원의 가치는 단순한 금액을 넘어, 우리의 삶의 질을 어떻게 향상시킬 수 있는지를 보여 주는 중요한 지표입니다. 작은 도시나 농촌의 경제에서 100만 원은 상대적으로 저렴한 물가 덕분에 훨씬 더 많은 소비 여력을 제공합니다. 이로 인해 한 달의 생활비가 더 여유롭게 운영될 수 있으며, 삶의 질을 높이는 데 기여하게 됩니다.

로컬에서의 100만 원은 많은 것을 할 수 있는 엄청난 가치입니다. 저렴하고 신선한 농산물로 가득한 식탁에 온 가족이 옹기종기 함께할 수 있는 풍성함을 오랜 기간 제공할 수 있습니다.

온 가족의 건강을 챙기면서도 경제적 부담은 서울보다 몇 배 가볍게 됩니다. 가까운 주민들과의 따뜻한 교류는 정서적인 안정을 가져다주고, 그곳에서의 삶은 단순히 물질적인 풍요를 넘어서, 마음의 평화와 행복을 느낄 수 있는 기회를 제공합니다. 로컬에서의 생활은 그런 의미에서 진정한 가치가 담긴 삶이라 할 수 있습니다.

반면, 서울과 같은 대도시에서는 같은 100만 원이 상대적으로 덜 효과적으로 사용될 수밖에 없습니다. 높은 생활비 속에서 그 금액은 빠르게 사라져 버리고, 경제적 압박은 가중되기 마련입니다. 주거비와 교통비, 그리고 기본적인 생활비용이 치솟으면서 우리는 매일매일 생존을 위해 힘겨운 경쟁에 내몰리게 됩니다. 이로 인해 삶의 질은 저하되고, 소중한 시간을 가족이나 친구와 보낼 여유조차 없게 됩니다.

이러한 상황 속에서 로컬의 가치는 더욱 두드러집니다. 로컬에서의 100만 원은 그 자체로 우리의 삶을 변화시킬 수 있는 잠재력을 지니고 있습니다. 지역 청년들은 자신이 살고 있는 고장에서의 가능성을 발견하고, 그곳에서의 삶을 통해 더 많은 꿈을 실현할 수 있습니다. 그들은 단순히 경제적 여유를 누리는 것이 아니라, 자신이 속한 공동체와 함께 더 나은 내일을 만들어 가는 주체가 될 수 있습니다.

여러분은 로컬에서의 삶을 선택했을 때, 그 안에서의 돈의 가치를 깊게 이해할 수 있습니다. 여러분은 그 금액을 통해 자신과 주변의 삶을 풍요롭게 하고, 함께 성장해 나갈 수 있는 기회를 얻게 됩니다. 로컬에서의 삶은 단순한 선택이 아닌, 새로운 가능성과 희망을 찾아가는 여정입니다. 여러분의 마음속에 있는 꿈과 열망을 실현할 수 있는 곳이 바로 이곳, 로컬입니다. 그 소중한 기회를 마음껏 누리며, 자신만의 가치를 발견해 가길 바랍니다.

로컬에서의 삶은 물질적인 가치 이상의 경험을 제공합니다. 로컬에서 살아가는 것은 단순한 소비를 넘어서, 진정한 만족과 행복을 느낄 수 있는 기회를 가져다줍니다. 작은 도시나 농촌에서는 사람들 간의 관계가 더 깊고 친밀합니다. 이웃과의 소통이 자연스럽고, 언제든지 도움을 주고받을 수 있는 따뜻한 공동체가 형성됩니다. 서로의 삶에 관심을 가지며, 기쁨과 슬픔을 함께 나누는 것이 가능해집니다.

또한, 로컬에서는 자연이 가까이에 있습니다. 아름다운 경치와 푸른 자연 속에서의 삶은 우리가 잊고 지냈던 소소한 행복을 다시금 깨닫게 해 줍니다. 아침에 일어나 선선한 바람과 함께 걷는 길, 저녁에는 가족과 함께 자연을 만끽하는 시간은 얼마나 소중한지 모릅니다. 이러한 환경은 마음의 평화를 가져다주고, 스트레스를 줄이며, 삶의 질을 높이는 데 큰 역할을 합니다.

로컬에서의 활동은 지역의 문화와 전통을 체험할 수 있는 기회를 줍니다. 지역 축제나 행사에 참여하며, 고유의 문화를 경험하고 새로운 사람들과의 만남을 통해 더 넓은 시각을 갖게 됩니다. 이곳의 사람들은 자신들의 이야기를 나누며, 지역의 역사와 전통을 계승해 나가는 데 자부심을 느낍니다. 그 속에서 나도 함께 소속감을 느끼고, 나만의 이야기를 만들어 갈 수 있습니다.

마지막으로, 로컬에서는 작은 것들에서 큰 행복을 찾을 수 있습니다. 매일 아침 신선한 농산물로 만든 식사를 즐기고, 그곳에서 자란 재료로 만든 음식이 주는 맛과 향은 타 지역과는 다른 특별함이 있습니다. 이러한 경험들은 우리의 삶을 풍요롭게 하고, 지역에 대한 애착을 더욱 깊게 만들어 줍니다.

여러분이 선택한 이 지역은 단순한 삶의 터전이 아닙니다. 여러분이 누릴 수 있는 물가의 혜택, 신선한 농산물의 풍요로움, 그리고 지역 경제에 기여하는 자부심이 함께합니다.

이제는 로컬의 숨겨진 매력을 누리며, 여러분의 꿈과 가능성을 펼쳐 보시길 바랍니다. 여러분의 선택이 지역을 더욱 빛나게 할 것입니다. 단순한 경제적 가치를 넘어서, 정서적, 사회적, 문화적 측면에서의 깊은 만족감을 제공할 것입니다. 로컬에서의 삶, 그 자체가 서울의 화려함 속에 숨겨진 높은 비용과는 달리 더 값지고 특별한 가치로 여러분을 기다리고 있습니다.

(3) 파도가 설계한 해안선, 로컬이 설계할 미래

한국은 역사적으로도, 지리적인 주요 역할을 맡고 있는 반도 국가로서의 특성을 지니고 있습니다. 한반도의 위치는 동북아시아의 중심에 자리 잡고 있어, 과거부터 지금까지 무역과 교류의 요충지로서 기능해 왔습니다. 바다와 육지를 아우르는 중요한 통로로, 다양한 문화와 상품이 오고 가는 장터 역할을 해 왔습니다. 이러한 역사적 배경은 우리에게 단순히 과거의 유산을 넘어서, 현재와 미래의 성장 가능성을 내포하고 있음을 알려 줍니다.

지리적 특성은 물류와 경제의 흐름을 통해 더욱더 뚜렷해집니다. 한국이 글로벌 물류의 중심으로 떠오른 이유는, 바로 이 지리적 이점 덕분입니다. 아시아의 다양한 시장에 가까이 위치한 한국은 동북아 허브로서의 역할을 수행할 수 있는 최적의 조건을 갖추고 있습니다. 이를 통해 한국은 국제 물류의 효율성을 높일 수 있으며, 빠른 시간 안에 물류가 이동할 수 있는 이점을 지니고 있습니다. 이러한 물류 경쟁력은 기업들에게는 새로운 기회를 제공하고, 경제 전반에 긍정적인 영향을 미치게 됩니다.

장보고는 한국 역사에서 해양 무역의 아이콘으로 여겨지는 인물입니다. 그의 이야기는 단순히 과거의 전설이 아니라, 현재와 미래의 비전을 함께 담고 있습니다. 장보고는 9세기 중반, 신라의 해상 무역을 이끌며 동아시아의 무역 중심지로서 한민족의 위상을 높였습니다. 그는 바다를 통해 무역을 활성화하고, 국제적인 교류를 통해 다양한 문화를 한국에 전파했습니다. 이러한 그의 업적은 오늘날 우리가 추구하는 글로벌 물류와 유사한 면모를 지니고 있습니다.

그의 주요 활동 중 하나는 '청해진'이라는 해상 기지를 설립한 것입니다. 청해진은 당시 동아시아 각국과의 무역을 주도하는 중요한 거점이었고, 장보고는 이를 통해 해적의 위협으로부터 안전한 무역로를 확보했습니다. 그는 무역의 안전성을 높이고, 국가 경제를 발전시키기 위해 다양한 해상 정책을 펼쳤습니다. 이런 그의 리더십은 우리가 현재 가덕도 신공항과 같은 프로젝트를 통해 꿈꾸는 글로벌 물류 허브의 비전을 더욱 강조합니다.

가덕도 신공항은 이러한 지리적 특성과 함께 한국의 미래를 더욱 밝히는 중요한 프로젝트입니다. 이 공항은 단순한 교통 인프라의 확장을 넘어서, 글로벌 물류와 관광의 중심지로서 한국의 입지를 더욱 강화하는 역할을 할 것입니다. 가덕도는 한반도의 남쪽에 위치하여, 아시아는 물론 세계 여러 나라와의 연결성을 높이며, 물류와 인적 교류의 거점으로 자리 잡을 것입니다. 이 새로운 공항은 지역 경제를 활성화하고, 청년들에게는 새로운 일자리와 창업의 기회를 제공함으로써, 지역사회와 국가 전체의 발전에 기여할 것입니다.

이처럼 한국의 로컬은 단순히 지역적 차원을 넘어, 글로벌 경제와 문화의 흐름 속에서 중요한 위치를 차지하고 있습니다. 우리의 뿌리와 역사, 그리고 지리적 특성을 바탕으로 한 이 자원은 이제 미래를 위한 성장의 발판이 되고 있습니다. 우리는 이러한 기회를 통해 더 나은 내일을 꿈꾸며, 새로운 가능성을 향해 나아갈 수 있습니다. 각자 자신의 역할을 다하며, 이 땅에서 함께 성장해 나가길 희망합니다. 한국의 미래는 바로 우리 손안에 있습니다.

서울은 대도시의 특성으로 인해 환경 문제와 사회적 불균형이 심각한 상황입니다. 이에 비해 삼면이 바다인 지역은 지속 가능한 발전에 대한 관심이 높고, 청년들이 이러한 가치에 기반한 사업이나 프로젝트에 참여하기 용이합니다. 로컬 청년들은 환경 보호와 지속 가능한 농업, 어업 등을 통해 지역 사회에 기여할 수 있는 기회를 가지고 있으며, 이는 그들의 사회적 책임감을 더욱 고양시킵니다.

장보고의 이야기를 통해 우리는 과거의 지혜를 배우고, 미래를 향해 나아가는 힘을 얻을 수 있습니다. 이제는 우리가 그 길을 이어 가며, 한국의 바다와 땅에서 새로운 역사를 만들어 나갈 때입니다. 이러한 지리적 특성으로 로컬의 파도가 설계한 해안선에서 로컬의 신화가 창조되는 미래가 보입니다.

(4) 로컬의 기회, 새로운 가능성을 열다

현재 우리는 로컬 경제가 새로운 전환점을 맞이하고 있는 시대에 살고 있습니다. 정부와 지역 사회가 서로 협력하여 지역 경제 발전을 위한 다양한 정책과 제도를 강화함으로써, 이제는 지역 기업과 주민들이 성장할 수 있는 유리한 환경이 조성되고 있습니다. 이런 변화는 단순한 혜택을 넘어, 우리 모두의 삶에 깊은 영향을 미치고 있습니다.

지역의 청년들에게는 이 시기가 희망과 용기의 원천이 됩니다. 로컬 경제의 발전은 그들에게 자신의 꿈을 실현할 수 있는 기회를 제공합니다. 지역에서 자란 청년들은 이제 더 이상 먼 도시로 나가지 않고도, 자신의 재능과 열정을 발휘할 수 있는 무대를 갖게 되었습니다. 그들이 지역 사회에서 창의적인 아이디어를 실현하고, 자신만의 사업을 시작할 수 있는 가능성이 열리면서, 희망의 메시지가 그들 마음속에 깊이 새겨집니다. "우리의 뿌리는 여기, 우리의 미래도 여기서 시작된다"는 믿음은 그들에게 힘을 불어넣고, 지역 사회의 주역으로서의 초석이 되어 줄 것입니다.

한편, 기성세대들에게는 그들이 지역 사회에 기여해야 할 책임감과 멘토로서의 자긍심을 일깨우는 촉매제가 됩니다. 지역 경제의 성장과 함께, 그들의 경험과 지혜는 젊은 세대에게 귀중한 자산이 됩니다. 그들은 지역 사회의 발전을 위해 손길을 내밀고, 청년들이 꿈을 실현할 수 있도록 지원하는 역할을 맡게 됩니다. "우리는 더 나은 세상을 위해 함께 나아가야 한다"는 메시지는 그들에게 공동체의 일원으로서의 책임감을 느끼게 하고, 세대 간의 연결고리를 더욱 견고하게 만들어 줍니다.

이러한 변화는 단순히 경제적인 성장을 넘어, 우리의 가슴속에 따뜻한 유대감을 심어 줍니다. 서로가 서로에게 힘이 되어 주는 모습은 지역 사회를 더욱 단단하게 만들고, 함께 성장하는 공존의 가치를 일깨워 줍니다. 우리는 이 모두가 꿈꾸는 지역 사회의 미래를 위해 한 걸음씩 나아가고 있습니다. 이 과정에서 청년들은 희망과 용기를, 기성세대들은 책임감과 자긍심을 느끼며, 새로운 역사를 써 내려가고 있습니다.

우리는 함께 이 길을 걸어가고 있습니다. 지역 사회의 힘을 통해, 더 나은 내일을 만들어 가는 그 여정에 여러분이 함께해 주시기를 바랍니다. 우리의 이야기는 지금 시작되고 있으며, 그 주인공은 바로 우리 모두입니다.

우리가 살고 있는 이 지역은 이제 단순한 고향이 아니라, 꿈을 향한 출발점이 되어가고 있습니다. 전국 각지의 주요 대학들이 '글로컬 대학'으로 인정받으며 지역 사회의 발전에 기여하고, 청년들에게 새로운 희망의 씨앗을 심고 있습니다. 각 지역의 대학이 가진 특별한 역할은 그 지역 청년들에게 더 큰 꿈을 심어 주고, 기성세대에게는 자긍심을 불어넣는 힘의 원천이 되고 있습니다.

최근 지역의 치열한 경쟁 속에 글로컬 대학으로 선정된 대학들은 지역 산업과 밀접한 연계 속에서 청년들에게 실질적인 경험과 기회를 제공합니다.

특히, 국립창원대학교의 박민원 총장은 학교의 비전을 "창원국가산단 미래 50년 K-방산·원전·스마트제조 연구중심대학"으로 정하였습니다.

각각의 로컬에서는 지역의 특색을 살린 다양한 프로그램이 마련되어 있습니다. 청년들은 자신의 전공을 바탕으로 지역 경제의 중심에서 실습하며, "나는 로컬 이곳에서 시작해 더 큰 세상으로 나아갈 수 있다"는 믿음을 갖게 됩니다. 그들이 지역 사회의 소중한 자원으로 성장하는 모습은 기성세대에게도 큰 감동을 주며, 청년들의 꿈을 지켜보는 책임감을 느끼게 합니다.

그들의 창의력은 지역 사회의 새로운 가능성을 여는 열쇠가 됩니다. 기성세대들은 그런 청년들의 열정을 지켜보며, "우리의 경험이 그들의 미래에 도움이 될 수 있다"는 책임감을 느끼고, 그들을 멘토로서 지원합니다.

또한, 이 대학들은 지역 기업과 협력하여 실습 프로그램을 운영하고, 청년들이 기술 창업에 도전할 수 있도록 돕습니다. 청년들은 "나는 이곳에서 내 꿈을 키우고, 지역 경제를 이끌어 나갈 수 있다"는 희망을 품고 나아갑니다. 이들의 열정은 기성세대에게 "우리는 그들의 미래를 함께 만들어 가는 동반자"라는 자부심을 심어 줍니다.

이처럼 각 지역의 대학들은 단순한 교육의 장이 아니라, 청년들의 꿈과 지역 사회의 발전을 함께 이끌어 가는 중요한 역할을 하고 있습니다. 청년들은 이곳에서 희망과 용기를 얻고, 기성세대는 그들의 멘토로서 책임감을 느끼며, 함께 더 나은 내일을 만들어 가는 과정을 함께합니다. 우리의 이야기는 계속해서 이어질 것이며, 그 주인공은 바로 우리 모두입니다. 이 여정 속에서 서로의 힘이 되어 주며, 더 밝은 미래를 향해 나아가고 있습니다.

전국 각지에 있는 테크노파크에서는 창업 교육, 멘토링, 기술 자문 등 다양한 프로그램을 제공하여 청년들이 성공적으로 사업을 시작할 수 있도록 돕습니다. 이곳은 단순히 사무 공간을 제공하는 것을 넘어, 청년 창업자들이 실질적인 사업 모델을 개발하고, 필요한 기술과 자원을 확보할 수 있도록 지속적인 지원을 아끼지 않습니다. 또한, 테크노파크는 지역 기업과의 네트워킹 기회를 제공하여, 창업자들이 현실적인 시장의 흐름을 이해하고, 실제 사업 환경에서 경쟁력을 갖출 수 있도록 합니다.

대학에서도 청년 창업 지원을 위한 여러 정책과 프로그램이 마련되어 있습니다. 많은 대학에서는 창업 동아리, 창업 지원 센터 등을 운영하여 학생들이 창의적인 아이디어를 시험해 보고, 사업 계획서를 작성하며, 실제 투자 유치를 위한 경험을 쌓을 수 있도록 돕습니다. 이러한 환경은 학생들에게 자신감을 주고, 지역 사회와의 연계를 통해 더 넓은 시각을 갖게 만듭니다. 창의적인 발상을 바탕으로 한 다양한 프로젝트가 이곳에서 싹트고, 이는 지역 경제의 활력을 불어넣는 원동력이 됩니다.

이제 청년들은 더 이상 대도시로 나가야만 성공할 수 있는 시대가 아닙니다. 그들은 자신의 고향에서 시작할 수 있는 기회를 가지며, 지역 경제의 주역으로 성장할 수 있는 길을 열어 갑니다. 이 과정에서 그들의 마음속에는 희망과 용기가 피어오르며, 지역 사회와의 유대감을 느끼게 됩니다. "우리의 가능성은 여기서 시작된다"는 믿음은 그들에게 큰 힘을 주며, 자신의 미래를 스스로 개척할 수 있는 용기를 안겨 줍니다.

이처럼 정부와 지역 사회의 다양한 제도적 지원으로 이젠 로컬이 유리한 시기이며 청년들에게 희망의 불씨를 제공합니다.

(5) 해외 자본의 눈길, 로컬 시장으로 향하다

지금 우리는 글로벌 시장에서 지역의 독창적인 자원이 빛을 발하는 시대를 맞이하고 있습니다. 이러한 흐름은 단순히 경제적인 차원에 그치지 않고, 지역 주민들의 삶에까지 깊은 영향을 미치고 있습니다. 지역의 특색 있는 자원들은 새로운 일자리와 기회를 창출하며, 우리의 미래를 밝히는 중요한 전환점을 만들기에 충분합니다.

각 지역이 가진 고유한 자원들은 그 자체로 큰 가치를 지니고 있습니다. 전통 농업이나 수산업, 지역 특산물은 단순한 생산물 이상의 의미를 지닙니다. 이들은 지역 주민들의 정체성을 담고 있으며, 이를 바탕으로 새로운 사업 모델이 생겨나고 있습니다. 청년들은 이러한 자원을 통해 "나는 지역의 가치를 세계에 전할 수 있는 주인공"이라는 자부심을 느끼게 됩니다. 그들이 지역 사회의 미래를 책임지는 주역이 될 수 있는 것입니다.

또한, 지역의 기업들은 청년들에게 다양한 경험과 기회를 제공합니다. 창업 지원 프로그램, 인턴십, 멘토링 등은 그들이 자신의 꿈을 실현할 수 있도록 돕는 중요한 기회들입니다. 이러한 경험은 청년들에게 "나는 이곳에서 나의 길을 찾아 나갈 수 있다"는 희망과 용기를 심어 줍니다. 그들의 성장은 곧 지역 경제의 발전으로 이어지며, 지역 사회 전체에 긍정적인 영향을 미칩니다.

현재 해외투자가 로컬에 몰리고 있는 상황은 지역의 독창적인 자원과 발전 가능성이 세계적으로 주목받고 있다는 것을 의미합니다. 이러한 트렌드는 단순히 투자 유치에 그치지 않고, 지역 경제의 활성화뿐만 아니라 주민들에게 새로운 일자리와 기회를 창출하는 중요한 전환점이 되고 있습니다. 지역이 가진 고유한 자원들은 이제 글로벌 시장에서 그 가치를 인정받고 있으며, 이는 우리 모두에게 희망의 씨앗이 되고 있습니다.

해외투자의 흐름은 특정 지역의 산업 생태계를 더욱 활성화시키고 있습니다. 경남의 창원 지역에서는 해외 기업들이 지역의 특산품과 기술을 활용해 공동 연구개발 프로젝트에 투자하고 있습니다. 이는 지역의 청년들에게 첨단 기술과 경험을 배울 수 있는 기회를 제공하며, "나는 글로벌 시장에서 경쟁할 수 있는 인재"라는 믿음을 심어 줍니다. 이러한 기회를 통해 청년들은 자신의 꿈을 이루기 위한 발판을 마련하게 됩니다.

또한, 지역 기업들도 해외 투자유입으로 인해 새로운 성장 가능성을 찾고 있습니다. 다양한 산업 분야에서 외국 자본이 유입되면서, 지역의 기업들은 혁신적인 제품과 서비스를 개발할 수 있는 힘을 얻게 됩니다. 이러한 변화는 자연스럽게 청년들에게 새로운 일자리와 경력 개발의 기회를 제공합니다. 그들은 "내가 이 지역에서 시작해 세계로 나아갈 수 있다"는 희망을 품고, 자신의 커리어를 키워 나갈 수 있습니다.

기성세대에게도 이러한 변화는 큰 의미가 있습니다. 지역의 발전을 위해 쌓아온 경험과 지식을 바탕으로, 청년들에게 멘토 역할을 수행하며 그들이 성장할 수 있도록 지원하게 됩니다. "우리는 청년들의 미래를 응원하고, 그들이 성공할 수 있도록 돕는 역할을 해야 한다"는 자부심과 책임감은 지역 사회의 연대감을 더욱 강화합니다. 그들은 청년들이 새로운 도전을 할 수 있도록 격려하며, "함께 만들어가는 지역의 미래"라는 신념을 공유하게 됩니다.

현재 해외투자자들이 한국의 다양한 산업 분야에 적극적으로 투자하고 있는 상황은 지역 경제와 사회에 긍정적인 영향을 미치고 있습니다. 특히, 구글의 데이터 센터 유치와 방산 및 우주항공 분야에 대한 투자는 이러한 흐름을 잘 보여 주는 사례입니다.

구글이 한국에 데이터 센터를 유치하기로 결정한 것은 단순한 투자 이상의 의미를 지닙니다. 이는 지역의 디지털 인프라를 향상시키고, 관련 산업의 발전을 촉진하는 계기가 됩니다. 데이터 센터는 클라우드 서비스와 인공지능, 빅데이터와 같은 첨단 기술의 허브 역할을 하게 되며, 이로 인해 지역의 청년들은 "나는 이 지역에서 혁신적인 기술을 배우고, 글로벌 기업에서 일할 수 있는 기회를 얻을 수 있다"는 희망을 갖게 됩니다. 이들은 데이터 과학, IT 기획, 네트워크 관리 등 다양한 분야에서 전문성을 키울 수 있는 기회를 얻습니다.

또한, 방산 분야에 대한 투자도 지역 경제에 중요한 변화를 가져옵니다. 해외 투자자들이 국내 방산 기업에 자금을 유입함으로써 기술 개발과 생산 능력이 강화되며, 이는 곧 새로운 일자리 창출로 이어집니다. 청년들은 이처럼 성장 가능성이 높은 분야에서 "나는 국가의 안보와 미래를 책임지는 인재가 되겠다"는 자부심을 느끼게 됩니다.

LIG 넥스원은 방산 시스템 및 무기 체계 개발 기업으로, 미국의 여러 방산 기업들과 협력하고 있습니다. 이 회사는 미국 방산 기업과의 기술 협력을 통해 자율 무기 시스템, 드론, 미사일 방어 시스템 등의 프로젝트에 투자하고 있습니다. 이러한 협력은 해외 투자자들에게 한국 방산 기술의 우수성을 알리는 기회가 됩니다.

한화 그룹은 방산 사업을 확장하기 위해 해외 기업들과의 협력을 강화하고 있습니다. 미국의 방산 업체와 함께 군사 시스템 및 무기 체계에 대한 공동 연구개발을 진행하고 있습니다. 이를 통해 해외에서의 직접 투자 및 기술 이전 기회를 창출하고 있습니다.

KAI(한국항공우주산업)는 해외 투자자들과 공동 프로젝트를 통해 성장을 도모하고 있습니다. 특히, KAI는 F-35 전투기 개발에 참여하며, 미국 록히드 마틴과 협력하고 있습니다. 이러한 협력은 한국의 방산 기술을 세계에 알리고, 해외 투자를 유치하는 데 큰 역할을 합니다.

한국은 매년 방산 관련 국제 전시회를 개최하여 해외 기업과 투자자들을 초청하고 있습니다. 서울 국제 항공우주 및 방산 전시회(ADEX)에서 해외 기업들이 한국 방산 산업에 투자할 수 있는 기회를 모색합니다. 기성세대는 이러한 변화를 보며, "우리는 이 지역의 발전을 위해 우리 경험과 지식을 청년들에게 전수해야 한다"는 책임감을 느끼게 됩니다.

우주항공 분야에서도 투자자들의 관심이 집중되고 있습니다. 한국은 최근 우주항공청을 설립하며, 관련 연구와 개발을 활발히 진행하고 있습니다. 해외 기업들이 이 분야에 투자하면서, 청년들은 우주 기술, 인공위성 개발, 그리고 항공기 설계와 같은 최첨단 분야에서의 경험을 쌓을 수 있는 기회를 가지게 됩니다. 그들은 "나는 우주의 꿈을 실현하는 주인공이 될 수 있다"는 비전을 가지고 나아가게 되며, 이는 지역의 미래를 밝히는 결정적인 요소가 됩니다.

한국은 NASA(미국 항공우주국) 및 ESA(유럽 우주국)와의 협력을 통해 우주 개발 및 탐사 프로젝트에 참여하고 있습니다. 이러한 협력은 한국의 우주산업을 국제적으로 알리고, 외국 기업의 관심을 끌어들이는 데 기여하고 있습니다. 예를 들어, 한국의 첫 번째 달 탐사선인 '다누리'는 미국의 기술 지원을 받으며 개발되었습니다. 이와 같은 프로젝트는 해외 기업들의 투자를 유도할 수 있는 좋은 기회를 제공합니다. 한국의 우주 산업은 민간 기업들도 적극적으로 참여하고 있습니다. 예를 들어, 한국의 항공우주 기업인 한화에어로스페이스는 해외 기업들과 협력하여 다양한 우주 및 항공 관련 프로젝트를 진행하고 있습니다. 이는 한국의 우주 항공 분야에 대한 신뢰를 높이고, 외국 기업들이 투자할 수 있는 기반을 마련합니다.

이처럼 해외투자는 로컬에 몰리고 있고 로컬의 독창적인 자원과 발전 가능성을 더욱 부각시키고, 청년들에게 새로운 기회와 희망을 제공합니다.

(6) 로컬 기업의 HR 전략으로 우수 인재가 몰려온다

로컬에 AI 기반 채용 플랫폼 기업들이 유치되고, 글로벌 인력 풀이 함께 연합되며, 로컬 테크노파크와 각 대학들이 협력하는 상황이 조성된다면, 여러 긍정적인 결과가 예측됩니다.

예를 들면, 휴스테이션은 인공지능(AI) 기반 채용 솔루션을 제공하는 기업으로 공공 클라우드 소프트웨어 서비스(SaaS) 도입의 우수 사례로 선정되었으며, 다양한 채용 데이터 분석을 통해 HR 분야의 AI 전환을 선도하고 있습니다.

휴스테이션과 같은 AI 기반 글로벌 인재 채용 플랫폼과 로컬 테크노파크 및 대학들이 협력함으로써, 지역 내 인재를 유치하고 양성하는 데 기여한다면 경제 활성화, 글로벌 경쟁력 향상, 그리고 문화적 다양성 증진을 통해 로컬 사회의 성장과 발전에 중요한 역할을 할 것입니다.

첫째, 인재 유치와 양성의 촉진이 이루어질 것입니다. AI 기반 인재 채용 플랫폼은 로컬 기업과 인재 간의 효율적인 연결을 제공하여, 로컬 내 필요 직종에 필요한 인력 풀이 더욱 확대될 것입니다. 특히 글로벌 인력이 연합된다면, 해외 인재를 통한 다양성과 전문성이 더해져 로컬의 인재 시장이 한층 풍부해질 것입니다. 이를 통해 로컬 대학들과의 협력으로 학생들이 실무 경험을 쌓을 수 있는 기회가 늘어나고, 현장 중심의 교육과정이 강화될 수 있습니다.

둘째, 로컬 경제의 활성화가 기대됩니다. 인재의 유입은 단순히 기업의 인력 문제를 해결하는 것에 그치지 않고, 로컬 경제에 활력을 불어넣는 중요한 요소로 작용할 것입니다. 다양한 인력이 로컬에 정착하게 되면, 소비가 증가하고 생활 인프라가 발전하게 됩니다. 이는 로컬 내 상업과 서비스 산업의 성장으로 이어져, 로컬 주민들에게도 긍정적인 영향을 미칠 것입니다.

셋째, 글로벌 경쟁력의 향상이 가능합니다. 한국 내 인도의 IT 인력 협의체 등과 교류를 통해 우수 인력을 채용함으로써 얻는 다양한 기술력과 경험은 로컬 기업들이 글로벌 시장에서 경쟁력을 갖추는 데 큰 도움이 될 것입니다. 더불어, 로컬 테크노파크와 대학들이 협력하여 인재 양성을 위한 프로그램을 개발하고, 다양한 프로젝트를 추진하게 되면, 로컬의 IT 산업 생태계가 더욱 활성화될 것입니다. 이는 로컬 기업들이 세계적 수준으로 성장할 수 있는 기틀이 마련되는 것을 의미합니다.

마지막으로, 문화적 다양성과 협력의 강화가 이루어질 것입니다. 글로벌 전문 인력과 함께 작업하게 되면 로컬 주민들과의 문화 교류가 활발해질 것이며, 이는 상호 이해와 존중의 기반이 됩니다. 더불어, 로컬 테크노파크와 대학들이 협력하면서 로컬 기업들은 보다 혁신적인 아이디어와 접근 방식을 받아들일 수 있는 기회를 가지게 됩니다. 이러한 협력이, 로컬 사회의 통합과 발전을 더욱 촉진할 것입니다.

글로컬의 무대는 그 자체로 청년들에게 희망과 용기를 심어 줄 수 있는 무한한 가능성을 지니고 있습니다. 이곳은 단순한 고향 이상의 의미를 지니며, 청년들이 자신의 꿈을 펼칠 수 있는 넓은 무대입니다. 로컬의 자원과 문화, 그리고 사람들은 그들이 미래를 설계하는 데 필요한 다양한 기회를 제공합니다. 이곳에서 꿈꾸는 모든 청년은 자신이 될 수 있는 가능성을 발견하며, 그들의 도전과 창의성은 로컬의 뿌리를 더욱 깊고 넓게 만들어 갈 것입니다.

기성세대에게는 이러한 청년들의 꿈을 지켜보는 것만큼이나 큰 책임감과 자긍심이 주어집니다. 그들은 인생의 선배로서, 로컬 사회의 가치를 함께 지켜나가는 멘토로서의 역할을 다해야 합니다. 이 로컬의 역사와 문화, 그리고 지혜는 그들의 경험 속에서 살아 숨 쉬며, 후배들에게 귀중한 교훈을 전할 것입니다. 기성세대가 청년들에게 성장의 길잡이가 될 때, 그들은 단순한 직장인이 아닌, 로컬 사회의 희망이자 미래를 만들어 가는 주체로 자리 잡게 됩니다.

뉴로컬리즘의 힘은 결국 서로가 서로를 응원하고, 함께 성장해 나가려는 의지에서 비롯됩니다. 청년들이 로컬에서 자신을 찾아 가고, 기성세대가 그들을 지켜보며 응원하는 이 아름다운 관계는 로컬 사회를 더욱 끈끈하게 묶는 힘이 됩니다. 서로의 꿈을 지지하고, 미래를 함께 만들어가는 이 과정 속에서 우리는 진정한 의미의 소속감을 느끼게 됩니다. 이렇게 우리 모두가 손을 잡고 나아갈 때, 이곳은 꿈이 현실로 바뀌는 풍요로운 땅이 될 것입니다.

로컬에 전문적인 AI 인력 채용 플랫폼이 자리 잡고, 글로벌 상위 인력과 해외 제조 관련 인력이 함께 연합하며, 국내 로컬 대학과의 협력이 강화되는 상황을 생각해 보면, 우리는 여러 가지 노력이 필요합니다. 먼저, 로컬 내 기업들이 이러한 플랫폼과 협력하여 필요한 인재를 효과적으로 발굴하고 양성할 수 있는 프로그램을 설계해야 합니다.

외국인 정주를 지원할 각국 라이프 스타일 맞춤형 인프라 제공에도 힘쓰게 될 것입니다.

외국인 정주서비스를 확대하여 전문 인력들을 대상으로 홈 셰어링, 카 셰어링, 대출 지원, 비자 관련 이슈 처리 등을 위한 다양한 네트워크 구축을 통해 외국인 인재가 로컬에 안정적으로 정착할 수 있도록 지원한다면 외국인 인재 유입과 정착을 통해 로컬 내 소비 및 경제 활동 촉진, 로컬 상권 및 산업 전반에 긍정적 영향을 미칠 것입니다.

글로컬 대학은 글로벌 인재 유치를 위해 국제 교류 프로그램을 확대하고, 해외 협력 대학과의 파트너십을 강화해야 합니다. 이를 통해 외국 유학생들이 로컬에 유입되고, 그들과의 문화적 교류가 활성화되면 로컬 사회의 다양성과 창의성이 더욱 풍부해질 것입니다. 유학생들이 로컬에서 공부하고 생활하게 되면, 그들은 로컬 사회의 일원이 되어 새로운 변화를 이끌어 내는 중요한 역할을 하게 됩니다.

로컬 사회는 이러한 변화에 발맞추어 포용적인 환경을 조성해야 합니다. 다양한 배경을 지닌 인재들이 서로의 장점을 인정하고 협력할 수 있는 커뮤니티를 만들어가는 것이 중요합니다. 이를 통해 청년들은 더 많은 영감을 받고, 기성세대는 새로운 세대와의 소통을 통해 자신들의 경험을 나누며 멘토 역할을 할 수 있습니다.

이러한 노력들이 결실을 맺는다면, 여러 긍정적인 결과가 예측됩니다. 로컬의 청년들은 더 많은 직업 기회를 만나게 되고, 각자의 꿈을 실현할 수 있는 기반이 마련될 것입니다. 이 과정에서 그들은 희망과 용기를 얻고, 자신의 가치를 발견하게 됩니다. 더불어 기성세대는 후배들을 위해 멘토로서의 자긍심을 느끼고, 로컬 사회의 미래를 책임지는 중요한 역할을 하게 됩니다.

결국, 뉴로컬리즘은 단순한 경제적 활성화를 넘어 대학·산업체 등과의 연계를 강화해 혁신적 생태계를 구축함으로써 로컬 경제 활성화를 이끌게 되고, 로컬의 경제 활성화가 국가 경제에 긍정적인 영향과 발전으로 이어질 것입니다. 더불어 로컬의 청년들에게는 꿈과 희망을 심어 주고, 기성세대에게는 책임감과 자긍심을 부여하는 촉매 역할을 하게 될 것입니다. 서로가 서로를 응원하고 성장해 나가는 이 아름다운 관계 속에서, 우리는 로컬 사회가 더욱 풍요롭고 다양해지는 모습을 함께 만들어 갈 수 있을 것입니다.

로컬 기업이 제공하는 다양한 인턴십과 교육 프로그램은 그들에게 실제 경험을 쌓을 수 있는 기회를 주고, 이는 단순한 직장이 아닌, 자신의 직업적 정체성을 형성하는 데 도움을 줍니다. 이러한 경험들은 그들이 이 로컬에서 뿌리내리게 하는 희망의 씨앗이 될 것입니다.

기성세대에게는 이 로컬을 함께 가꾸고 발전시키는 데 필요한 책임감과 자긍심이 생겨납니다. 그들은 단순한 직장과 인생의 선배 이상의 역할을 맡게 됩니다. 로컬의 멘토로서 후배들에게 지혜를 나누고, 그들의 꿈을 응원하는 존재가 되는 것입니다. 이 과정에서 기성세대는 자신의 경력이 단순히 개인의 성공에 그치지 않고, 로컬 사회의 발전이라는 더 큰 의미를 지닌다는 사실을 깨닫게 됩니다. 그들은 자신이 이룬 것들을 통해 로컬의 미래 세대에게 긍정적인 영향을 미치며, 그들의 곁에 희망의 등불이 되어 줄 것입니다.

로컬의 기업들은 그들의 HR 전략을 통해 인재를 유치하고 유지하는 동시에, 로컬 사회와의 관계를 더욱 돈독히 할 것입니다.

3부

To Do List

5

청년 세대의 To Do List

(1) 마음의 근육을 키워 고(苦)에서 낙(樂)으로 승화

요즘 시대 상황을 한마디로 정리한 쇼펜하우어의 명언! 그는 '삶은 고통'이라고 했습니다.

이제까지 인생을 살아오면서 지나온 나날을 곰곰이 회고해 보십시오. 뒤돌아보면 누구나 한 순간 한 순간 희로애락이 교차하는 삶을 살아왔음을 부인할 사람은 아무도 없을 것입니다.

우주의 진리 속에서 인간의 희로애락은 반복되며 어제의 동그라미 모양의 고통을 해결하면, 오늘은 마름모꼴의 새로운 어려움이 다가옵니다. 또 그 고통을 해결하면 세모꼴의 문제가 우리를 기다리고 있습니다. 이렇게, 시대가 변함에 따라 고통은 새로운 형태로 다가옵니다.

청년 시절, 꿈과 열정으로 가득 차 있지만 동시에 혼란과 불안이 도

사립니다. 취업의 압박, 경제적 어려움, 사회적 기대, 그리고 미래에 대한 막연한 두려움이 여러분을 지치게 만듭니다.

그때, '삶은 고통'이라는 사실을 인정하는 것이 중요합니다. 이 고통을 통해 성장한다는 사실을 받아들이는 것이 삶의 첫걸음입니다. 비행기도 공기의 저항을 이겨 내고 하늘로 오르듯이 말입니다.

과거, 암울했던 우리나라에서는 해외여행이 금기시되던 1989년까지 일반인이 여권을 발급받는 것은 불가능했고, 그 시절 젊은 청년들은 유학 이외에는 해외에 나갈 방법이 없었습니다. 토플 시험을 통과하고 미국대학의 입학허가서(I-20 Form)를 받아야만 했습니다.

남산 중턱의 자유총연맹에서 하루 종일 반공교육과 안보교육을 이수한 후에야 마침내 저의 손에 쥐게 된 여권이었습니다. 비행기에 오르는 순간, 그 육중한 기체가 굉음과 함께 이륙하는 모습은 제 가슴을 뛰게 했던 기억이 납니다.

비행기는 강력한 제트엔진으로 뜨거운 공기를 뒤로 보내고, 차가운 공기를 흡입해 양력이라는 저항을 만듭니다. 그 당시 비행기에서 내려다본 서울의 풍경은 마치 탈출의 순간처럼 느껴졌습니다. 이날은 제가 과거의 역경을 벗어나 새로운 도전과 맞서야 할 고통을 마주하게 되는 역사적인 날이었습니다. 삶에서 역경을 극복해야만 하늘을 날 수 있다는 것을 깨달았습니다.

"고통과 어려움은 성장의 기초다", "고생 없는 성공은 없다"는 말처럼, 아픔을 통해 우리는 더욱 강해지고 지혜롭게 됩니다. 각자의 고통은 '고난의 학교'에서 배우는 과정임을 인식하고, 이 과정을 통해 자신을 발전시키기 위해 노력해야 합니다.

이 메시지는 비관적이지 않습니다. 오히려 고통 속에서 성장할 수 있는 가능성을 찾으라고 말하고 있습니다. 실패와 어려움은 성장의 일부라는 사실을 이해할 때, 우리는 고통을 피하지 않고 마주하며 배울 수 있는 태도를 가질 수 있습니다. 그 고통 속에서 꿈이 더욱 선명해지고, 좌절을 겪을 때마다 강해지는 자신을 발견할 수 있을 것입니다. 삶의 고통은 결국 우리를 더욱 빛나게 하는 원동력임을 기억하여야 합니다.

단세포 동물에서 배우는 고통의 철학

바닷가의 짜디짠 갯벌, 그곳에는 아메바라는 작은 생명체가 존재합니다. 아마도 여러분은 초등학교 시절, 현미경을 통해 이 세포를 접했거나 자연 도감에서 그 모습을 보았을 것입니다. 아메바는 단세포 동물로, 위족이라고 불리는 다리 같은 것이 뻗어 나오며, 고정된 형태가 없이 자유롭게 방향을 바꿉니다. 겉으로 보기엔 흐느적거리는 모습이지만, 그 안에는 강한 생명력이 숨겨져 있습니다.

이 작은 생명체는, 염분이 몸속으로 들어오면 생명을 위협받습니다. 아이러니하게도, 소금기가 가득한 갯벌이나 염분이 많은 곳에서 오히려 더 잘 번식합니다. 아메바가 현미경 아래에서 보여 주는 것은 그저 찰나의 이미지가 아닙니다. 그것은 끊임없이 몸부림치는 생명의 모습입니다. 그들은 척박한 환경 속에서도 결코 굴복하지 않고, 오히려 그 환경을 기회로 삼아 번식합니다. 역경이란, 아메바에게는 오히려 감사의 대상이 된 것입니다.

아메바의 철학은 단순히 생명체의 생존을 넘어섭니다. 일본의 교세라, KDDI, JAL 등을 성공으로 이끈 이 경영철학은 전원 참여형 조직을 통해 기업의 체질을 강화하는 데 중점을 둡니다. 아메바처럼, 기업은 경제 상황과 기술 동향, 경쟁 업체의 변화에 유연하게 변형되어야 합니다. 따라서 아메바 경영에서는 '사람의 마음'이 가장 중요합니다. 수많은 세포들이 함께 하나의 의지 아래 조화를 이루듯, 기업 내의 소집단들이 마음을 합칠 때 비로소 그들은 하나의 강력한 조직으로 거듭날 수 있습니다.

아메바의 이론은 경영 이론의 하나이지만, 뉴로컬리즘의 이론과 깊은 일치를 보입니다. 수도권 집중의 관행 대신, 지역 사회에 권한과 책임을 위임함으로써, 해당 조직은 능동적으로 유기적 구조를 형성하게 됩니다. 이 과정에서 혁신적인 방법으로 세포 분열을 통해 지속적인 발전과 변화를 이루어 나가는 것입니다.

아메바의 수평적 유기적 조직 개념은 최근 블록체인 기술과 유사한 점이 많습니다. 두 시스템 모두 전통적인 수직적 권위적 구조를 탈피하고, 구성원 간의 자율성과 협력성을 강조하여 변화하는 환경에 적응하는 데 중점을 둡니다. 아메바 조직은 자율적인 팀워크를 통해 빠른 의사결정과 유연한 운영을 가능하게 하고, 블록체인은 분산 원장 기술을 통해 투명하고 신뢰할 수 있는 거래 환경을 제공합니다.

아메바 조직의 장점은 변화에 대한 신속한 대응 능력입니다. 구성원들이 자신의 역할에 대한 책임을 가지고 자율적으로 움직이기 때문에, 외부 환경 변화에 적시에 적응할 수 있습니다. 마찬가지로, 블록체인은 탈중앙화된 특성 덕분에 중앙 기관의 개입 없이도 사용자 간의 신뢰를 구축할 수 있으며, 이는 빠르고 효율적인 거래를 가능케 합니다.

이러한 시스템들이 공통적으로 가진 특성은 발전과 변화에 대한 능동적인 대응입니다. 아메바 조직은 시장의 흐름에 따라 내부 구조를 유연하게 조정하여 지속 가능한 성장을 추구하고, 블록체인은 기존 시스템의 한계를 극복하며 새로운 비즈니스 모델을 창출하는 데 기여합니다. 이 과정에서 조직과 개인 모두 고통을 겪을 수 있지만, 이러한 어려움은 혁신의 동력이 됩니다. 변화에 적응하는 과정에서 발생하는 고통은 결국 더 나은 시스템 구축을 위한 필수적인 과정이라는 점에서, 이러한 고통을 극복하는 능력은 조직의 경쟁력을 더욱 강화합니다.

결론적으로, 아메바의 수평적 유기적 조직과 블록체인 기술은 현대 사회에서 필수적인 유연성과 협력의 가치를 함께 보여 줍니다. 두 시스템 모두 끊임없이 변화하는 환경 속에서 발전하고, 이를 통해 고통을 극복하며 새로운 가능성을 창출하는 데 중요한 역할을 하고 있습니다. 이러한 접근은 미래 지향적인 조직 운영 및 기술 혁신을 위한 중요한 지침이 될 것입니다.

형식이 내용을 규정하듯이, 미세한 아메바 세포를 블록체인과의 일치성에 비추어 보면 지방분권적 지역 성장으로 이어지는 것이 바로 뉴로컬리즘의 본질입니다.

필자가 선언한 뉴로컬리즘의 선언문과 아메바와 블록체인의 이론을 다시 한번 비교한다면 거의 일치한다고 볼 수 있습니다.

뉴로컬리즘 선언문

1. 수직적, 권위적, 획일적 중앙집중화에서 벗어나 수평적 다양성이 인정받는 지역주도 발전사회!
2. 도전적인 기업가정신이 넘쳐나는 진정한 혁신사회!
3. 높고 낮음이 없이, 개성을 살리는, 창의성이 폭넓게 존중받는 열린사회!

성공의 경험을 가진 구성원들이 새로운 아메바 조직을 만들어 운영함으로써, 그 조직 내에 '성공의 DNA'를 확산시키는 것이 그의 비전이었습니다. 이 철학을 바탕으로 교세라의 이나모리 창립자는 성과가 좋을수록 조직을 쪼개야 한다고 믿었습니다.

이 사고방식은 미국의 액센츄어와 일본의 도요타와 같은 많은 기업에게 영감을 주었고, 그들은 아메바의 경영철학을 통해 'Doing, Thinking, Communicating'이라는 세 가지 원칙으로 조직을 활성화시켰습니다.

이러한 기업들은 일본의 지속적인 부활 속에서도 지속적으로 성장하는 모델로 자리 잡았습니다. 아메바처럼, 우리는 고통과 역경을 통해 더욱 강해질 수 있다는 사실을 잊지 말아야 할 것입니다. 단순한 생명체에서 시작된 이 철학은 이제 우리에게도 깊은 교훈을 줍니다. 고통은 우리를 강하게 하고, 역경은 우리를 성장시키는 소중한 기회임을 받아들여야 합니다. 아메바의 작은 몸짓 속에서 발견한 이 진리는, 우리 모두가 응전하고 승화해야 할 삶의 철학으로 자리 잡을 것입니다.

고통을 극복하는 방법을 배워라

삶의 고통은 피할 수 없지만, 이를 어떻게 극복할 것인지는 각자의 선택입니다. 긍정적인 태도와 해결책을 모색하는 자세가 중요합니다. 힘든 시간을 겪는 동안에도 희망의 빛을 잃지 말고, 극복의 방법을 찾아내는 것이 필요합니다. 고통을 단순히 참는 것이 아니라, 이를 전환하는 방법을 배우는 것이 중요합니다.

고통을 어떻게 대처하고 성장의 기회로 삼느냐가 여러분의 미래를 결정합니다. 고통을 겪는다고 실패하는 것이 아닙니다. 오히려, 그 순간들을 통해 진정한 자신을 발견하고 더 나은 삶을 만들어 나갈 수 있습니다.

손자병법에도 '이겨 놓고 싸운다(先勝求戰)'라는 책략이 있듯이 나에게 내가 걸어갈 내 운명에 역경과 고난이 있음을 당연하게 생각하고 나 자신의 정신적 각오와 준비가 되어 있다면, 이미 전쟁을 이겨 놓고 전장에 나가는 준비된 병사와 같습니다.

자신만의 이야기를 만들어라

고통은 개인 인생 이야기의 중요한 부분입니다. 자신의 아픔과 고난을 부끄러워하지 말고, 이를 통해 어떻게 성장했는지를 자신의 이야기로 만들어 나가시길 바랍니다. 여러분의 경험은 다른 이들에게 큰 교훈과 새로운 희망을 줄 수 있습니다.

최근에는 시대의 변화에 따라 새로운 형태의 고통이 우리에게 동시에 다가오고 있습니다. 'N포 세대'라는 용어가 그 예로, 우리는 여러 가지를 포기한 삶을 살아가고 있습니다. 이러한 현상은 개인의 역량만이 아닌 복합적인 외부 환경의 변화로 인해 발생하며, 이로 인해 '번 아웃'이라는 용어도 생겨났습니다. 아무리 노력해도 결과가 따라오지 않기 때문입니다.

인간이기에 우리가 태어난 곳, 사는 나라, 만나는 사람 등 주변의 영향을 쉽게 받기 마련입니다. 글로벌 환경 속에서 국제 질서와 국가의 정책이 중요하다는 것 또한 잘 알고 있습니다. 그러나 이러한 환경은 누구에게나 주어진 것이기에, 스스로를 믿고 현재의 처지에서 이 환경을 극복하는 것이 유일한 방법입니다.

고통을 즐기면서 자신의 생명력과 근육을 단련해 나가야 합니다. 이러한 변화 속에서 해결점은 우리 내부에서 찾아야 합니다. 초고도 경쟁 사회에서 우리는 청년뿐만 아니라 모든 세대가 번 아웃을 겪고 있습니다.

고통과 어려움은 성장의 중요한 기초입니다. "고생 없는 성공은 없다"는 말처럼, 아픔을 통해 우리는 더욱 강해지고 지혜로워집니다. 각자의 고통은 우리가 겪어야 할 '고난의 학교'라는 것을 인식하고, 이 과정을 통해 자신을 발전시키기 위해 노력해야 합니다.

결국 자신이 매 순간 전력을 다해 자기답게 살아가면, 그 노력은 쌓이고 쌓여 자신의 잠재력에 각인됩니다. 결국, 이는 엄청난 에너지로 활활 타오르게 될 것입니다.

지역 사회의 청년으로서 여러분의 마음을 단단히 하고, 자신을 발전시키는 여정에 나서길 바랍니다. 여러분은 고통을 이겨 내고, 그 속에서 진정한 행복을 찾을 수 있는 힘을 지니고 있습니다. 그러기 위해서는 다음과 같은 마음가짐과 행동이 필요합니다.

매일 조금씩이라도 자신을 되돌아보는 시간을 가지시길 바랍니다. 자신이 어떤 감정을 느끼고, 어떤 상황에서 힘들어하는지를 살펴보는 것은 마음의 근육을 키우는 첫걸음입니다. 내면의 소리를 듣고, 불안과 두려움을 마주하며 그것을 받아들이는 용기를 가지시길 바랍니다.

삶은 단순한 일상이 아니라, 매일매일 새로운 도전과 기회가 가득한 여정입니다. 고통을 마주하며 성장하고, 그 과정을 통해 지역 사회에 긍정적인 변화를 가져오는 주체가 되시길 바랍니다. 여러분이 잃어버린 희망을 되찾고, 그 희망을 다른 이들과 나누는 순간이 올 것입니다. 그 과정에서 여러분은 진정한 자아를 발견하게 될 것입니다.

여러분은 특별한 존재이며, 여러분의 선택과 행동이 지역 사회를 변화시킬 수 있는 힘을 지니고 있습니다. 마음의 근육을 키우고, 고통을 낙으로 승화시키는 강한 생명력을 키우면 여러분도 여러분이 처한 환경에서 세상의 중심이 될 수 있다고 확신합니다.

(2) 적응력과 추진력의 배양

인도의 변방에서 태어나 글로벌 무대에서 성공을 거둔 CEO들의 이야기는 대한민국의 로컬 인재들에게 큰 영감을 줄 수 있습니다. 그들이 어떻게 어려운 환경 속에서도 글로벌 기업의 리더로 성장했는지를 살펴보면, 우리도 충분히 그들의 발자취를 따라갈 수 있다는 희망을 갖게 됩니다.

순다르 피차이는 특히 주목할 만한 인물입니다. 그는 인도 타밀나두 주에서 태어나, 어려운 환경 속에서도 뛰어난 재능과 열정을 바탕으로 세계적인 기업인 구글의 CEO로 성장했습니다.

구글 CEO 피차이는 어린 시절, 물이 귀한 마을에서 자랐습니다. 그 시절의 경험은 그의 삶에 큰 영향을 미쳤습니다. 미국으로 이민을 온 후, 그는 종종 "내가 잠에서 깨어 생수를 마실 수 있다는 것은 너무나 감사한 일"이라는 말을 하곤 했습니다. 이는 그가 겪은 어려움과 그로 인해 느낀 감사의 마음을 잘 보여 줍니다. 그는 물 한 방울이 얼마나 소중한지를 알기 때문에, 매일 아침 생수를 마시는 것조차 큰 축복이라 느끼는 것입니다.

설상가상 카스트제도에 따른 사회적 한계성을 가졌기에 그 열망과 몸부림치는 몸 세포 깊숙이 끓어오르는 피의 역류는 당해보지 않고서는 모르는 그들만의 척박한 환경입니다.

피차이의 이야기는 그의 배경을 넘어서, 인생의 어려움을 극복하고 꿈을 이룰 수 있는 가능성을 상징합니다. 그는 인도의 이공계 대학에서 학위를 받은 후, 스탠포드 대학교에서 석사학위를 취득하고, MBA를 마쳤습니다. 그 과정에서 그는 기술과 혁신에 대한 열정을 쌓으며, 구글의 다양한 프로젝트에 참여하게 되었습니다. 특히 Chrome 브라우저와 Chrome OS 프로젝트의 성공을 이끌며 빠르게 승진해 나갔고, 결국 2015년 구글의 CEO로 임명되었습니다.

그의 여정은 단순히 개인의 성공에 그치지 않습니다. 피차이는 자신의 성공을 바탕으로 "누구나 꿈꿀 수 있고, 그것을 이룰 수 있다"는 메시지를 전하고 있습니다. 그는 인도의 청년들에게도 큰 영감을 주며, 자신의 뿌리를 잊지 않고 항상 감사하는 마음을 가지고 살아가야 함을 강조합니다.

대한민국의 로컬 인재들에게 피차이의 이야기는 중요한 교훈을 줍니다. 어려운 환경 속에서도 긍정적인 사고와 목표를 향한 끊임없는 노력이 결실을 맺을 수 있다는 것입니다. 우리는 피차이와 같은 끈기와 열정을 가지고, 글로벌 무대에서 두각을 나타낼 수 있는 인재로 성장할 수 있습니다. 여러분의 꿈이 무엇이든, 그것은 이루어질 수 있으며, 작은 것에 감사하는 마음이 여러분의 여정에 큰 힘이 될 것입니다.

이러한 사례들은 단순히 성공의 이야기가 아닙니다. 그들은 모두 비슷한 점을 가지고 있습니다. 바로, 긍정적인 사고와 도전의 의지입니다. 인도에서 자란 이들은 어려운 상황 속에서도 꿈을 잃지 않고, 끊임없이 자신을 발전시키기 위해 노력했습니다. 그들은 자신의 지역 사회와 연결된 문제를 해결하는 데 집중했으며, 그 과정에서 글로벌 무대에서의 성공을 이뤄 냈습니다.

실리콘밸리의 주요 인도 출신 CEO들

인도 출신 CEO	회사	시가총액(달러)
사티아 나델라	마이크로소프트	2조5270억
순다르 피차이	알파벳-구글	1조9240억
샨타누 나라옌	어도비	3250억
아르빈드 크리슈나	IBM	1060억
산자이 메흐로트라	마이크론 테크놀러지	950억
니케시 아로라	팔로 알토 네트웍스	540억
랑가라잔 라구람	Vmware	510억
자이슈리 울랄	아리스타 네트웍스	387억
파라그 아그라왈	트위터	385억
조지 쿠리안	넷앱	200억
레바티 아드바이티	플렉스	80억
안잘리 수드	Vimeo	30억

실리콘밸리의 주요 인도 출신 CEO들
출처: 타임스 오브 인디아

우리 로컬의 청년들은 주어진 환경을 극복하고, 긍정적인 사고를 통해 문제를 해결하는 능력을 기르는 것이 중요합니다. 현실에 안주하지 않고, 변화의 기회를 포착하며, 적극적으로 도전해야 합니다. 이를 위해서는 실패를 두려워하지 않고, 도전적인 프로젝트에 참여하며, 다양한 경험을 통해 자기 자신을 개발하는 것이 필수적입니다.

인도의 교육 시스템은 청년들이 자율성을 가지고 문제를 해결하는 능력을 기르는 데 큰 기여를 했습니다. 대한민국도 이러한 방식을 본받아야 합니다. 기성세대와 정부, 지자체, 그리고 문화인과 청년 스스로가 함께 협력하여 다음과 같은 일들을 추진해야 합니다.

교육 과정에서 창의성과 비판적 사고를 강조하여, 청년들이 다양하고 혁신적인 아이디어를 발전시킬 수 있도록 지원해야 합니다.

또한, 로컬 사회와 밀접하게 연계된 사회적 기업과의 협력을 통해 청년들이 실제 문제를 해결하는 경험을 쌓을 수 있는 기회를 제공해야 합니다.

더 나아가 국제적인 행사나 교류 프로그램을 통해 청년들이 다른 국가의 청년들과의 네트워크를 형성할 수 있도록 지원해야 합니다.

모든 청년들이 동등하게 자원과 기회를 누릴 수 있도록 정책적 노력을 기울이는 것이 중요합니다.

인도의 청년들이 보여 준 열정과 도전정신은 대한민국의 로컬 인재들에게 큰 동기가 될 수 있습니다. 여러분이 어디에서 오든, 어떤 어려움이 있든지 간에, 자신을 믿고 도전하는 것이 가장 중요합니다. 또한, 여러분의 배경과 경험이 여러분의 강점이 될 수 있다는 점을 잊지 말아야 합니다.

현재 판교 밸리에서 스타트업 태그하이브(TagHive)를 이끌고 있는 판카즈 아가르왈 대표는 이러한 성공을 뒷받침하는 역량은 3가지라고 했습니다.

"'3A'는 Adaptability(적응력), Action-oriented(추진력), Always hungry(도전정신)이다."라고 말했는데, 필자 또한 일찍이 인도인들의 역량을 피부로 체험하고 느끼던 터라 더욱 실감이 나는 말입니다.

필자의 경험으로 3가지 중 가장 중요한 것을 꼽으라면 Adaptability(적응력)라고 봅니다.

대한민국의 청년들이여, 인도의 변방에서 태어난 이들이 글로벌 CEO로 성장한 이야기를 통해 영감을 얻으시길 바랍니다. 여러분의 꿈은 실현 가능하며, 그 꿈을 이루기 위한 여정은 지금 시작될 수 있습니다. 긍정적인 사고와 끝없는 도전정신으로, 여러분도 글로벌 무대에서 빛나는 인재로 성장할 수 있습니다.

(3) 글로벌 시각을 키워라

싱가포르의 하늘을 넘어 방글라데시의 수도 다카에 도착했을 때, 마치 운명이 저를 기다리고 있는 듯한 예감이 들었습니다. 비행기 창밖으로 내려다보니 인력거가 도로 위를 유유히 달리고 있었고, 그 모습은 이국적이면서도 슬퍼 보였습니다. 오토바이 대신 사람의 힘으로 끌리는 인력거에서 초등학생 여섯 명이 우르르 내리는 광경은 그 좁고 숨막히는 공간에 어떻게 그렇게 많은 아이들이 타고 있었는지 경이로움과 안타까움이 교차했습니다. 그러나 그 마른 아이들의 얼굴에서 보이는 웃음은 어려움을 이겨 내고자 하는 강한 의지를 동시에 느끼게 했습니다.

그 모습을 보며, 나는 비즈니스 세계에서 이런 삶의 모습이 어떤 의미를 가질지 깊이 고민했습니다. 어쩌면 이 힘들고 어려운 현실 속에서 비즈니스를 성공시킬 진주가 숨어 있을지도 모른다는 생각이 들었습니다. 하지만 그 진주를 발견하기란 쉬운 일이 아니었습니다. 그래서 고객의 고객을 분석하고, 그들의 결정을 좌우하는 모든 요소를 면밀히 검토해야 했습니다. 정치적 상황과 법적 제도는 언제든 변할 수 있는 변수였기에, 불확실한 비즈니스 전투 속에서 저는 진주를 찾기 위해 더 깊이 나아가야 했습니다.

다행히 예산이 확보된 일본 국제 협력 기구인 자이카(JICA) 사업 덕분에, 수개월에 걸친 힘든 작업을 마친 후에야 제안서를 제출할 수 있었습니다.

이 사업은 전 세계가 불균형 경제 발전과 빈곤 문제를 해결하기 위한 글로벌 지원 기금의 성격을 가진 국가 인프라인 통신망 구축 프로젝트였습니다.

월드뱅크, 코이카, 자이카, 유로자금, EDCF 등은 후진국의 경제적 발전과 사회적 진전을 위한 중요한 역할을 하고 있으며, 각 기관은 서로 다른 접근 방식과 목표를 가지고 있습니다.

자금이 확실한 사업이었고 일정도 정해져 있었기에, 저는 확신을 가지고 제안에 참여했고, 7대 1의 경쟁 속에서 우여곡절 끝에 입찰에 성공하게 되었습니다.

그 당시 이 경쟁은 전쟁터와 다를 바 없었습니다. 해외 업체들이 목숨을 걸고 경쟁하는 가운데, 서로의 상처를 들추고 비방하며 역정보를 흘리는 상황이 연이어 발생했습니다. 그 가운데, 터키의 현지 에이전트가 신문에 거짓 정보를 흘려, 입찰 평가위원 선정에 대한 이해충돌(Conflict of Interest) 문제가 불거졌습니다. 순조롭게 진행되던 사업이 또다시 불확실한 상황으로 흘러가 결국 법원의 판결을 받아야 하는 상황이 되고야 말았습니다. 만약 여기서 포기한다면, 500억 원 규모의 프로젝트 제안서 작성 비용 13억 원이 허무하게 날아가게 되는 상황이었습니다. 그야말로 눈앞이 캄캄해지는 상황이었습니다.

 귀국을 포기하고 객지 생활을 한 지 석 달이 넘었을 때, 저는 마치 적의 군사 기지를 향해 홀로 침투하는 특수부대 대원처럼, 불확실한 환경 속에서 계약을 유지하기 위해 치열하게 전투를 벌였습니다. 기회를 놓칠까 두려워, 저는 모든 순간을 소중히 여겼습니다.

 시간이 흐르면서 불안한 심리와 함께 법원의 판결이 언제 나올지 기약할 수 없는 현실을 마주해야 했습니다. 불확실한 소문과 음해성 기사들은 언제든 제 발목을 잡을 수 있었습니다. 사업 세계는 마치 칼과 창이 난무하는 동물의 왕국 같았습니다. 목표를 향한 길은 험난했지만, 저는 결코 포기하지 않았습니다. 제 옆에 있는 동료들과의 유대가 저에게 힘을 주었고, 우리는 함께 싸워 나갔습니다. 이 과정 속에서 저는 힘들었던 만큼 더 큰 성장을 이루게 되었고, 결국 그 불확실한 상황 속에서도 해결의 실마리를 찾을 수 있었습니다.

 결국, 상상하지 못할 그 노력과 분투의 결과 좋은 결실을 맺었습니다. 계약 성사 소식이 전해졌을 때, 저의 가슴 속에는 감격의 눈물이 흐르지 않을 수 없었습니다. 수많은 난관을 뚫고 얻어 낸 결과였고, 그 과정 속에서 진정한 비즈니스의 의미를 깨달았습니다. 사람과의 유대가 가져다주는 힘, 그리고 그 관계 속에서 빛나는 보석 같은 소중한 가치를 발견한 것이었습니다.

 고난 속에서도 저를 이끌어 준 사람들과의 기억, 그리고 그들의 삶의 이야기가 저에게 영감을 불어넣어 주었습니다. 진주를 발굴하는 과정 속에서 저의 비즈니스는 단순한 성공이 아니라, 역경을 극복하는 과정 속에 성장이 있었습니다.

 이 이야기는 이제 시작에 불과했습니다. 그때 저는 다카의 하늘을 바라보며 새로운 도전을 준비하고 있었습니다. 새로운 페이지를 넘기며, 다시 한번 세상에 나아갈 준비를 했습니다. 아, 다카의 하늘 아래에서, 나는 무한한 가능성과 함께 희망의 씨앗을 또다시 심을 준비를 했습니다. 삶의 고난을 이겨 내며, 그 속에서 피어나는 진주처럼, 저의 이야기는 지금의 빛나는 저를 만들었습니다.

 이렇듯이 제가 살아온 세상과 전혀 다른 세계에 들어가 무언가를 만들어 내기 위해서는 적응력과 태도 그리고 창의성이 필수의 무기였습니다. 그러나 막상 현실에 부딪치면 상상을 초월한 치열한 현장에서 낙심하기가 쉽습니다.

 결국 먼저, 이를 극복하기 위해 세상의 다양한 문화와 관점을 이해하려고 노력해야 합니다. 이를 위해 여러 나라의 언어를 배우고, 다양한 문화적 배경을 가진 사람들과 소통해야 합니다. 여행을 통해 새로운 경험을 쌓고, 다른 사람들의 이야기를 듣는 것은 여러분의 시각을 넓히는 데 큰 도움이 됩니다. 그들의 꿈과 고민을 이해하게 되고, 그 과정에서 자신도 한층 성장하게 됩니다.

또한, 글로벌 이슈에 대한 관심을 가지시기 바랍니다. 기후 변화, 인권, 경제적 불평등 등 세계가 직면한 문제들은 모두 연결되어 있습니다. 이러한 문제들에 대한 이해는 당신이 사회에 기여할 수 있는 방안을 찾는 데 중요한 밑바탕이 될 것입니다. 각 문제에 대해 스스로 연구하고, 관련된 행사나 세미나에 참여하여 지식을 쌓고, 다른 사람들과 치열하게 토의해 보시기 바랍니다. 그렇게 함으로써 당신은 지역 사회의 문제와 글로벌 문제를 연결 짓는 중요한 역할을 할 수 있습니다.

이제 당신의 경험과 지식을 지역 사회와 나눌 차례입니다. 글로벌 시각을 가진 당신이 지역에 대한 책임을 느끼고, 이를 실천에 옮기는 것이 중요합니다. 지역 내에서 다양한 문화 교류 프로그램이나 국제 연대 활동을 조직하여, 다른 문화와의 연결을 만들어 가세요. 이를 통해 지역 주민들에게도 글로벌 시각을 확산시키고, 함께 성장할 수 있는 기회를 제공합니다.

당신이 해야 할 일 중 하나는 자신의 이야기를 세상에 널리 퍼뜨리는 것입니다. 블로그나 소셜 미디어를 활용하여 글로벌 이슈에 대한 당신의 생각과 경험을 공유하세요. 이 과정에서 당신의 목소리가 다른 사람들에게 어떻게 희망과 영감을 줄 수 있는지를 느끼게 될 것입니다. 그리고 그 반응을 통해 당신은 스스로도 더 큰 자긍심과 동기부여를 얻을 수 있습니다.

글로벌 시각을 키운다는 것은 단순히 국제적인 문제에 대한 이해를 넓히는 것이 아니라, 그 이해를 바탕으로 자신이 속한 지역을 더 발전시키고 연결하는 것입니다. 이 개념은 최근 미국의 보호무역으로 인한 자국 우선주의로 가는 과정에서 탈글로벌화도 동시에 일어나는 현상이라 우리가 무게중심을 잘 잡아야 합니다. 이러한 변화무쌍한 시기에, 지역 청년들이 글로벌 시각을 키우기 위해 어떤 의식과 행동을 가져야 할까요?

여권 세 묶음과 새로운 글로벌의 여정

최근, 오랜 세월을 함께한 제 여권을 들여다보니, 이제는 10년 동안 유효한 복수 여권이 보편화된 시대임을 새삼 느끼게 되었습니다. 한때는 5년 만기의 여권 3개를 한 뭉치로 묶어 다녔던 기억이 떠오릅니다. 여러 나라를 비즈니스로 누비며 지낼 때, 비자의 만료일을 체크해야 하는 상황도 종종 있었습니다. 그래서 그렇게 많은 여권을 함께 들고 다녔던 것입니다. 항공사 웹사이트를 탐방하고, 오래된 수첩을 뒤적이던 중, 아프리카와 남미를 포함하여 인도는 무려 100여 차례 방문한 기록을 발견했습니다. 그 많은 출장과 여행은 매번 새로운 프로젝트를 계약하는 기회를 안겨 주었습니다.

 한때는 출장 일정이 겹쳐 인천공항에 도착해 샤워를 한 후, 아내가 가져다준 옷으로 갈아입고 바로 또 다른 비행기에 올랐던 적도 있습니다. 그때는 비행기를 타는 일이 힘들고 귀찮게 여겨졌지만, 지금 돌아보면 후회 없는 인생을 살아왔음을 자부하게 됩니다.

 수많은 출장과 여행은 저에게 특별한 추억과 깊은 생각을 선사했습니다. 제가 사물을 바라보는 시각이 달라지고, 새로운 각도의 혜안을 얻게 되었죠. 그리고 이 지구 위의 누구와도 자연스럽게 친구가 될 수 있는 친화력과 비즈니스 감각을 길러 준 것 같습니다.

 여행을 다녀오면 일주일이 한 달처럼 길게 느껴지는 이유는, 반복되는 일상에서 벗어나 새로운 것을 만날 기회가 많아지기 때문입니다. 새로운 사람들과의 만남, 변화를 겪으며, 젊은 시절부터 늘 변화를 즐기고 체험해 왔던 저는 이제 어느덧 제 인생이 멋지게 흐르고 있음을 깨닫게 되었습니다.

(4) 창의적 콘텐츠 개발

창의적 콘텐츠를 개발하려면 먼저 우리가 가장 부족한 경청과 질문에 대한 시각을 완전히 바꾸어야 합니다.

경청은 우리로 하여금 상호 이해를 높이고, 지식을 확장하는 데 필수적입니다. 말을 잘하려면 먼저 경청을 잘해야 내 말에 스토리텔링을 가미해서 커뮤니케이션의 달인이 될 수 있습니다.

미국의 작가 마야 안젤루는 "사람들은 당신이 한 말을 잊을 것이고, 당신이 한 행동을 잊을 것이지만, 당신이 그들에게 어떻게 느끼게 했는지는 결코 잊지 않을 것이다"라고 언급했습니다. 이 말은 경청이 단순한 정보의 전달을 넘어, 상대방의 감정을 존중하고 그들과의 관계를 깊게 한다는 점에서 매우 중요하다는 것을 일깨워 줍니다.

사람의 표정과 감성을 읽어내고 말하고 행동하는 것, 그게 바로 미래형 인재상이며 세상이 아무리 변해도 끝까지 살아남을 수 있는 비장의 무기가 됩니다.

질문은 탐구와 발견의 시작점입니다.

현대 철학자이자 교육자인 존 듀이는 "질문하는 것이 교육의 시작이다"라고 말했습니다. 이는 질문을 통해 생각의 깊이를 더하고, 새로운 관점을 발견할 수 있음을 시사 합니다. 질문은 단순한 지식의 습득을 넘어, 비판적 사고와 창의성을 이끌어 내는 중요한 도구입니다.

경청과 질문은 서로 긴밀하게 연결되어 있으며, 이 두 요소는 우리의 소통과 이해를 풍부하게 만들어주는 핵심입니다. 이러한 철학자들의 통찰을 통해 로컬 청년들이 질문하고 경청하는 습관을 통해 창의적 사고를 함양하는 것이 바로 청년 세대들이 할 To Do List 중에 가장 중요한 항목입니다.

지역 청년들이 창의적 사고를 통해 콘텐츠 크리에이터가 되는 여정은 단순한 시작이 아닙니다. 이는 자신의 내면을 탐구하고, 세상과 소통하며, 깊이 있는 인문학적 소양을 쌓아가는 과정입니다. 이러한 여정을 통해 지역 청년들은 새로운 시각으로 세상을 바라보고, 자신만의 독창적인 이야기를 만들어 낼 수 있습니다. 이제 그 길을 어떻게 걸어가야 할지 구체적으로 살펴보겠습니다.

먼저, 자기 탐구의 시작으로 자신에게 질문을 던져 보십시오. "나는 누구인가?", "내가 진정으로 원하는 것은 무엇인가?" 이러한 질문들은 여러분의 정체성을 이해하는 데 도움을 줄 것입니다. 자기 탐구는 창의적 사고의 기초가 되며, 여러분의 콘텐츠에 대한 깊이 있는 이해를 제공합니다. 여러분이 무엇을 사랑하고, 무엇에 열정을 느끼는지를 명확히 함으로써, 창의적 작업의 원천이 될 것입니다.

인도공과대학(IIT)은 세계적으로 유명한 공학 교육기관으로, 많은 글로벌 CEO를 배출해 왔습니다. 이곳에서는 강의 중 질문이 없는 학생에게 학점이 주어지지 않는 독특한 규정이 존재합니다. 이는 학생들이 적극적으로 참여하고, 자신이 이해하지 못하는 부분에 대해 질문하는 것을 장려하기 위함입니다. 질문을 통해 학생들은 깊이 있는 이해를 쌓고, 비판적 사고 능력을 키우게 됩니다. 이러한 참여는 단순한 지식 전달을 넘어, 학생들이 창의적이고 혁신적인 사고를 발전시키는 데 도움을 줍니다.

창의적 콘텐츠 개발은 질문에서 시작됩니다. 문제를 정의하고, 그 문제에 대한 다양한 질문을 던짐으로써 새로운 아이디어와 혁신적인 해결책이 탄생합니다. 질문은 탐구의 원동력이며, 이를 통해 우리는 기존의 틀에서 벗어나 새로운 가능성을 모색할 수 있습니다. 예를 들어, "이 문제를 해결하기 위해 우리가 할 수 있는 것은 무엇인가?"와 같은 질문은 창의적 사고를 자극하고, 새로운 길을 열어 줍니다.

창의적 콘텐츠를 개발하려면 먼저 "지도 밖으로 행군하라"라는 말처럼, 기존의 틀을 깨고 새로운 경험을 많이 해야 합니다.

다양한 문화, 사람들과의 만남은 여러분의 사고의 폭을 넓혀 줍니다. 여행을 하거나, 다양한 분야의 사람들과 대화하고 경청하며 새로운 아이디어를 얻고, 질문하여 자신의 창의력을 꾸준히 자극하시기 바랍니다.

세상은 여러분에게 창의적 콘텐츠를 만들어 내도록 영감을 줄 많은 이야기를 품고 있습니다.

(5) 연결의 힘을 활용하라

비주류 청년에서 미국 대통령이라는 정점에까지 오른 버락 오바마는 인맥을 잘 활용한 성공의 상징적 인물로 평가받고 있습니다. 1961년 케냐의 흑인 아버지와 미국 캔사스주 백인 어머니 사이에서 태어난 그는 태어날 때부터 다문화적 정체성을 지니고 있었습니다.

그의 인생은 순탄치 않았습니다. 오바마가 2살 때 부모는 이혼하고, 이후 부모는 각각 여러 차례 재혼을 하며 그에게는 여러 명의 이복형제를 포함하여 총 여섯 명의 형제가 생겼습니다. 이러한 복잡한 가족 구조는 그의 어린 시절을 다른 평범한 아이들과 달리 힘들게 만들었습니다.

어린 시절, 오바마는 방황의 시기를 겪었습니다. 마약과 방탕한 생활로 인해 그의 삶은 어두운 터널 속으로 빠져들었습니다. 하지만 그의 어머니는 그를 사랑으로 감싸안으며 올바른 가치관을 심어 주었습니다. 그녀는 "자신의 길을 찾아라."라는 가르침을 통해 오바마에게 진정한 자아를 발견하는 기회를 주었습니다. 이때부터 오바마는 자신의 주변에 있는 다양한 인맥 자원을 활용하기 시작했습니다. 그는 자신의 배경과 경험을 살려 다양한 사람들과의 관계를 맺고, 그들과의 상호작용 속에서 성장해 나갔습니다.

하버드 대학교에서 법학 박사 학위를 취득한 후, 그는 정치에 발을 들여놓게 됩니다. 주의원으로서, 그리고 상원의원으로서 그의 정치적 경력은 빠르게 성장했습니다. 하지만 그의 성공에는 단순히 교육과 정치적 직책만이 아니라, 그를 뒷받침해 주는 인맥의 힘이 있었습니다. 오바마는 다양한 배경의 사람들과 깊은 관계를 형성하며, 그들의 지혜와 경험을 통해 자신의 길을 개척해 나갔습니다.

특히, 그의 대통령 선거 캠페인은 인맥 활용의 정수를 보여 주었습니다. 인종, 문화, 세대의 경계를 넘어 다양한 지지자들과의 연결을 통해 그는 역사적인 선거에서 승리하게 됩니다. 오바마의 성공은 단순히 그가 흑인이라는 점에서 비롯된 것이 아니라, 다문화 사회에서 인맥을 극대화하는 데서 비롯된 것이었습니다. 그의 복잡한 가족 배경은 오히려 그의 강점으로 작용하며, 미국 사회의 다원화된 면모를 대변하게 되었습니다.

하버드의 심리학자 쥴리언 태플릿은 "한 사람의 가치는 그가 가진 재물이 아니라, 어떠한 인맥을 가졌는지를 보아야 한다"고 말했습니다. 오바마의 인생은 이 말의 진리를 몸소 보여 주는 사례입니다. 그가 어떻게 인맥을 활용하여 자신의 삶을 변화시키고, 나아가 전 세계에 긍정적인 영향을 미치는 리더로 성장했는지를 통해 우리는 인맥의 힘, 그리고 인간관계의 중요성을 다시 한번 깨닫게 됩니다.

결국, 바락 오바마의 이야기는 단순한 개인의 성공담이 아닙니다. 그것은 진정한 변화를 이끌어 내는 힘이 무엇인지를 보여 주는 드라마입니다. 인맥을 통해 자신의 길을 찾고, 사회의 변화를 이끌어 내는 그의 여정은 우리 모두에게 큰 영감을 주고 있습니다.

인맥의 숲, 비즈니스의 축제

인맥의 중요성은 이미 잘 알려져 있습니다. 하지만 이를 단순한 숫자로만 바라보지 말고, 실질적인 기회를 창출하는 도구로 인식해야 합니다.

이스라엘은 세계적인 스타트업 허브로, 많은 혁신 기업들이 탄생하고 있습니다. 그중 하나가 2006년 설립된 웨이즈(Waze)라는 회사입니다. 이스라엘의 창업자들은 미국 자본과의 네트워크를 활용하여 이 회사를 구글에 성공적으로 소개했으며, 결과적으로 웨이즈는 2013년에 구글에 13억 달러(약1조 6,000억 원)에 인수되었습니다. 이처럼 강력한 인맥은 창업자들이 그들의 아이디어를 실현하고, 글로벌 시장에서 경쟁력을 갖추는 데 필수적입니다.

우리나라 김기사(현재의 카카오내비)는 2012년에 출시되어 시장에서 큰 인기를 얻었습니다. 김기사는 2014년에 카카오에 인수되었으며, 인수 금액은 약 626억 원으로 알려져 있습니다.

만약 '김기사'가 초기부터 글로벌 파트너십을 구축하고, 해외 시장으로의 확장을 목표로 했다면, 웨이즈와 같은 성공적인 사례로 이어졌을 가능성이 높습니다.

한국의 여러 IT 기업들이 글로벌 시장에서 뚜렷한 성과를 못 내는 원인으로 글로벌 차원에서의 네트워크와 연결고리가 부족했던 점이 늘 아쉬움으로 남습니다.

우리의 IT 서비스가 글로벌 시장에서 더욱 빛날 수 있도록, 보다 폭넓은 국제적인 협력과 전략적 파트너십이 필요합니다.

최근엔 이스라엘 보안 솔루션 기업인 위즈(Wiz)가 330억 달러(약 47조 5,000억 원)의 제안을 받았다는 소식이 있습니다. 창업자는 Waze 창업자와 같은 이스라엘 정보부대인 8200 부대 출신입니다. 8200 부대 출신이 창업한 스타트업만 해도 1000개가 넘고 이들은 40대까지 예비군으로 활동하며 끈끈한 인맥으로 세계로 진출하고 있습니다.

이는 이스라엘의 뛰어난 기술력과 함께, 미국의 투자자들과의 탄탄한 인맥이 있었기에 가능했습니다. 이러한 인맥은 기업의 성장과 발전에 매우 중요한 역할을 하며, 효과적인 자금 조달과 파트너십을 통해 더 큰 기회를 창출할 수 있게 합니다.

한국의 청년들 또한 이러한 인맥을 적극적으로 구축해야 합니다. 단순히 개인의 성장을 목표로 하는 것이 아니라, 지역 사회와 기업의 발전에 기여할 수 있는 방향으로 나아가야 합니다.

다양한 네트워킹 행사나 세미나에 참여하고, 멘토와의 연결을 통해 귀중한 경험과 지식을 나누는 것이 필요합니다. 이를 통해 여러분의 아이디어와 열정을 실현할 수 있는 기회를 넓히고, 나아가 한국 기업들이 글로벌 시장에서 더욱 강력한 위치를 차지하는 데 기여할 수 있습니다.

여러분의 꿈과 비전을 실현하기 위해 노력하는 과정에서, 인맥은 든든한 지원군이 될 것입니다. 서로의 경험과 지혜를 나누며, 함께 성장하는 기회를 만들어 나갑시다. 인맥은 단순한 연결이 아니라, 여러분의 미래를 밝힐 수 있는 중요한 자산입니다.

필자는 이 책을 보는 독자들에게 특히 강조하고 싶은 것은 우리가 부자가 아니거나 명예가 없더라도 자신이 주도하는 인맥을 점차 확대해 나가라고 말하고 싶습니다. 매일매일 똑같은 나무를 보면 성장하는 것조차 느끼지 못하지만, 한참 세월이 지나 보게 되면 어느새 무성하게 자라난 나무를 발견하는 경험을 한 번쯤 하였을 겁니다. 어린 시절 동네에서 보던 나무가 10년 후에는 몰라보게 성장해 있는 모습과도 같은 현상입니다.

이처럼 인맥의 숲 속에서 우리는 끊임없이 서로를 성장시키고, 함께 비즈니스의 축제를 이어 나갈 수 있습니다. 인맥은 단순한 연결이 아닌, 서로의 성장과 발전을 위한 밑거름이 되며, 그 속에서 우린 새로운 가능성을 찾을 수 있을 것입니다.

『뉴로컬리즘으로 승부하라』는 지역 청년들이 자신의 목소리를 찾고, 더 나아가 지역 사회의 주체로서 나아가야 할 방향을 제시하는 중요한 메시지를 담고 있습니다. 그 중심에는 네트워킹과 커뮤니케이션이 자리 잡고 있습니다. 인맥의 확대를 실질적인 기회 창출 도구로 인식해야 합니다.

AI로 연결된 로컬의 청년들

2022년, 경남의 한 중소도시에서 한 청년이 대담한 계획을 세우고 있었습니다. 주인공인 로컬 청년은 지역의 IT 기업에서 일하는 청년으로, 지역 내 대기업의 여러 프로젝트를 수행했던 경력자로 서울 소재 유수 기업들로부터 많은 스카우트 제의가 있었습니다.

그러나 그 청년의 철학은 명확했고 그가 가진 역량을 최대한 발휘할 수 있는 기회를 지역에서 만들고자 했습니다. 그는 "우리 지역에도 AI 스타트업을 세울 수 있다!"라는 꿈을 가지고 있었습니다.

그 청년은 자신의 비전을 실현하기 위해 지역 청년들과의 네트워크를 구축하기 시작했습니다. 그는 먼저 지역 대학교에서 발표회를 열어 자신의 아이디어를 공유하고, 다양한 청년들을 초대했습니다. 예상보다 많은 인원이 참석했고, 그들은 그 로컬 청년의 열정에 감명을 받았습니다. "우리가 함께 만들 수 있다면, 경남의 AI 생태계를 창출할 수 있어!"라는 그 청년의 외침에 청년들은 하나로 뭉쳤습니다.

그는 초기 단계에서 겪었던 어려움을 극복하기 위해 과거의 경험을 바탕으로 창업 전문가와 멘토를 초대했습니다. 이들은 청년들에게 기술적인 조언과 자금을 지원해 주며, 실제 프로젝트를 이끌어갈 수 있도록 돕기로 했습니다. 이들은 지역 농업, 관광, 환경 문제를 해결하기 위한 AI 솔루션을 제안하기 시작함은 물론 함께 팀을 구성하여 아이디어를 구체화해 나갔습니다. 그때 그의 소개로 참석했던 필자는 가능성을 확인하고 서울 및 글로벌 인맥을 소개해 주었습니다. 그는 직접 서울에서 시리즈 C 투자를 받은 예비 상장사와 공동 프로젝트를 수행하게 되어, 지역에서 시작해 가지고 있는 아이디어를 검증할 수 있게 되었습니다.

결국, 지역 주민들의 의견을 반영한 AI 기반의 서비스는 빠르게 성장하였고, 청년들은 지역 사회의 문제를 해결하면서 동시에 실질적인 경험을 쌓을 수 있었습니다.

그는 성공적인 프로젝트를 통해 청년들에게 희망과 방법론을 제시했습니다. "우리는 서로의 힘을 모아 지역을 변화시킬 수 있고 함께 한다면 꿈은 현실이 된다!" 지역 청년들은 그의 말에 공감하며, 자신들의 미래를 스스로 설계하기 시작했습니다.

지금은 CMAX(시맥스)라는 기업의 CEO로 성장한 박현국 대표는 정부에서 지원하는 초기창업패키지에도 선정되고 서울 등지에서 프로젝트 공동 수행 제의가 몰려오고 있습니다.

이러한 사례를 통해 알 수 있듯이 지역의 청년들은 결코 혼자가 아닙니다. 지역 사회는 다양한 사람들로 구성되어 있으며, 그들 각각의 경험과 지식은 당신에게 큰 자산이 될 수 있습니다. 그러므로 적극적으로 사람들과 연결되는 것을 두려워하지 마십시오. 지역 주민, 다른 청년들, 그리고 다양한 분야의 전문가들과의 대화를 통해 새로운 시각과 아이디어를 얻을 수 있습니다. 이러한 만남은 단순한 네트워킹을 넘어서, 진정한 관계를 만들어 가는 첫걸음이 될 것입니다.

당신이 연결하려는 사람들과의 만남에서 진정성을 잃지 마십시오. 진솔한 대화를 통해 마음을 열고, 서로의 이야기에 귀 기울이는 것이 중요합니다. 이 과정에서 당신의 열정과 비전을 공유하고, 상대방의 이야기를 진정으로 이해하려고 노력하십시오. 그렇게 함으로써 당신은 신뢰를 쌓고, 지역 사회의 중요한 일원으로서의 입지를 확고히 할 수 있습니다.

네트워킹의 자산은 단지 인맥을 쌓는 것에 그치지 않습니다. 이를 통해 지역 사회의 필요와 문제를 이해하고, 지역 자원을 활용할 수 있는 방안을 모색하게 됩니다. 지역의 이웃들과 협력하여 지역 문제를 해결하기 위한 아이디어를 모으게 되고 기회가 확대됩니다.

(6) 로컬 발전을 위한 혁신적인 아이디어 제안

대한민국 제2의 도시 이면서도 대표적인 로컬이라고 할 수 있는 아래 다큐 형식의 적나라한 글을 그냥 비관적으로 받아들일지 여러분은 어떻습니까? 부산에 대한 어두운 면을 부각하는 내용들이 넘쳐납니다.

창원에서 1시간 남짓이면 가게 되는 부산의 거리를 걷다 보면, 하루하루를 간신히 버티는 노인들의 얼굴이 보인다. 그들의 눈빛은 삶의 무게에 눌려 희미해져 있다. 그들이 품고 있는 꿈은 무엇일까? 자녀와 함께하는 행복한 노후를 기대했겠지만, 이제는 생계를 걱정하며 하루하루를 살아가고 있다. 청년들은 더 이상 이 도시에서 미래를 그리지 않는다. 높은 실업률, 비정규직의 증가, 그리고 주거비의 상승은 그들을 부산에서 떠나게 만들고 있다. 젊은 인구가 지속적으로 빠져나가면서, 부산의 미래는 더욱 어두워지고 있다.

부산은 한때 화려한 해양도시로 바다의 푸름과 함께 역동적인 청년의 꿈이 넘쳐나는 도시였다. 하지만 이제 부산은 '노인과 바다'라는 비극적인 자화상이 되어 가고 있고 인구통계청의 자료에 따르면, 2025년 예측에 따르면, 부산의 65세 이상 노인 인구는 전체 인구의 23.1%에 달할 것으로 보인다. 이는 2020년 대비 약 5% 증가한 수치로, 고령화가 더욱 가속화되고 있음을 나타낸다. 반면, 부산의 20대 인구는 계속해서 감소하고 있으며, 2025년에는 약 40만 명에 불과할 것으로 예상된다. 이는 2010년 대비 약 30% 감소한 수치로, 부산이라는 도시의 생명력과 젊음이 사라지고 있음을 의미한다.

OECD에 따르면, 한국은 자살률 1위를 기록하고 있다. 특히 부산은 이 통계에서 예외가 아니다. 2025년 부산의 자살률은 100,000명당 27.5명으로, 전국 평균을 넘어설 것으로 예상된다. 이는 심각한 사회적 문제로, 노인 빈곤과 청년 실업의 악순환이 가속화되고 있음을 보여 준다. 노인의 45%가 빈곤 상태에 처해 있으며, 이는 OECD 국가 중 가장 높은 수치다. 이러한 통계들은 한 도시의 미래가 얼마나 암울한지를 드러낸다. 노인들은 경제적 어려움 속에서 생존을 위한 투쟁을 하고 있으며, 이로 인해 자살이라는 극단적인 선택을 하는 경우가 빈번해지고 있다.

부산에서 초중고 과정을 마친 후에 학업을 위해, 직장을 위해 떠나는 모습을 보며 우리는 무엇을 느껴야 할까? 꿈과 희망이 사라진 도시에서 젊은이들은 더 이상 "부산에서 인생을 시작하겠다"는 말을 하지 않는다. 대신 "부산을 떠나야지"라는 현실적인 선택을 한다. 그들의 빈자리에는 더 많은 노인이 자리 잡고 있으며, 이 도시는 점점 고령화되고 있다. 부산의 언론들은 이를 '지방 소멸'이라고 부르며 경고의 목소리를 높이고 있지만, 우리 사회는 이 경고를 무시하고 있는 듯하다.

부산은 이제 더 이상 젊은이들의 꿈의 도시가 아니다. 노인의 도시가 되어 가고 있다. 이 비극적인 현실을 외면하지 말아야 한다. 우리는 지금 부산이 처한 상황을 직시하고, 노인과 청년이 함께 행복하게 살아갈 수 있는 사회를 만들어 나가야 한다. 부산의 미래는 선택이 아닌 필수다. 이 도시의 젊음은 회복될 수 있을까? 아니면 외면받은 채로 사라져 갈 것인가?

이러한 질문이 우리 모두의 마음속에 깊이 새겨져야 할 것이며, 여기에 대한 답은 무엇일까요?

저는 부산의 어두운 측면이나 통계적 수치를 반면교사로 삼아, 뉴로컬리즘의 철학을 바탕으로 부산의 긍정적이고 새로운 면을 재조명하고자 합니다.

최근 여행을 계획할 때, 많은 이들이 단순히 '파리', '뉴욕', '오사카'와 같은 도시를 언급합니다. 이제는 나라 전체가 아닌 특정한 동네나 로컬을 말합니다.

이는 여행자들이 보다 깊이 있는 경험을 추구하며, 각각의 로컬이 가진 독특한 매력과 문화를 찾아 나선 결과입니다. 로컬이 주목받는 시대, 즉 로컬의 특성과 개성을 중요시하는 흐름이 더욱 뚜렷해지고 있는 것입니다.

부산은 이제 더 이상 단순한 로컬 도시가 아닙니다. 국제 도시로서의 잠재력을 가진 부산은 세계적인 도시로 성장하기 위한 기반을 갖추고 있습니다.

싱가포르는 작은 섬나라지만, 그 안에는 세계적인 경제와 문화가 공존하는 도시로 발전했습니다. 1965년 독립 이후, 싱가포르는 전략적인 위치와 다양한 산업을 바탕으로 급속히 성장하였습니다. 그들은 국경을 넘는 무역과 금융, 관광을 통해 세계와 소통하며 국제적인 중심지로 자리 잡았습니다. 부산도 마찬가지입니다.

부산은 대한민국 제2의 도시로, 아름다운 항만과 풍부한 역사, 문화, 그리고 산업 기반을 가지고 있습니다. 부산항은 세계에서 가장 바쁜 항구 중 하나로, 물류와 무역의 중심지 역할을 하고 있습니다. 이러한 국제적 연결성을 바탕으로 부산은 글로벌 경제의 중요한 축으로 자리매김할 수 있습니다.

또한, 부산은 다양한 문화 행사와 국제적인 컨벤션, 박람회를 통해 세계인들과 교류하고 있습니다. 부산 국제 영화제, 부산 비엔날레 등 여러 국제 행사는 부산을 세계적인 문화 도시로 만드는 데 기여하고 있습니다.

부산의 잠재력은 무궁무진합니다. 우리는 부산이 강력한 국제 도시로 성장할 수 있다는 확신을 가져야 합니다. 싱가포르처럼 부산도 글로벌 경제와 문화의 중심지로 탈바꿈할 수 있습니다. 부산의 미래는 지금 우리의 손에 달려 있습니다.

부산 시민 모두가 함께 힘을 합쳐 부산을 더욱 빛나는 세계 최고의 국제 도시로 만들어 나갈 수 있습니다. 도전과 희망의 여정을 시작하는 것은 지금도 늦지 않았습니다. 부산은 이미 세계인이 가고 싶어 하는 국제 도시로 성장할 준비가 되어 있습니다.

또한, 뉴욕타임스가 추천한 부산의 전포 카페거리는 부산의 새로운 매력을 보여 주는 좋은 예입니다. 오늘날 여행자들은 특정 도시 전체보다는, 브루클린이나 웨스트 빌리지, 혹은 샌프란시스코의 미션 지구와 같이 개성 넘치는 동네에서의 경험을 중요시합니다. 이처럼 부산도 다양한 소도시의 특징을 살려서 승부해야 합니다. 예를 들어, 부산의 해운대 근처에는 다양한 문화와 예술이 어우러진 작은 동네가 있습니다. 이곳은 아티스트들이 모여들어 갤러리와 공연장이 가득한 공간으로, 독특한 분위기를 풍깁니다.

로컬의 시대는 단순한 여행을 넘어, 로컬 사회와의 상호작용을 중시하는 방향으로 나아가고 있습니다. 여행자들은 이제 그 로컬의 사람들과 소통하고, 그들의 이야기를 듣고, 함께 시간을 보내는 것을 즐깁니다. 이러한 경험은 그 로컬의 진정한 매력을 발견하게 하며, 여행의 의

미를 더욱 깊이 있게 만들어 줍니다.

이러한 흐름 속에서 우리는 소도시의 매력을 다시 한번 바라보고, 그들이 가진 고유한 색깔과 이야기를 소중히 여기는 것이 중요합니다. 로컬의 시대는 새로운 여행의 패러다임을 제시하며, 각 로컬이 가진 특별한 이야기와 문화를 세계와 나누는 기회가 되고 있습니다.

일본의 사회학자 마쯔다 히로야는 지방 소멸에 대한 경고로 널리 알려져 있으며, 그의 연구와 저서는 일본의 지방 도시들이 직면한 문제를 심층적으로 분석하고 있습니다.

마쯔다 히로야는 일본 전역에서 지방 도시의 인구가 감소하고 있으며, 이는 고령화와 청년 인구의 유출로 인해 더욱 심각해지고 있다고 지적합니다. 지방의 젊은 인구가 대도시로 이동함에 따라 로컬 경제가 침체되고, 이는 다시 인구 감소를 초래하는 악순환이 발생합니다.

그는 지방 정부와 중앙 정부 차원에서의 정책적 접근이 필요하다고 말합니다. 특히, 로컬 고유의 특성과 자원을 활용한 정책 개발, 청년층의 유입과 정착을 위한 지원, 그리고 주민 참여를 통한 로컬 사회의 활성화를 통해 지방 소멸을 방지할 수 있다고 믿습니다.

마쯔다 히로야는 로컬 주민들이 공동체 의식을 회복하고, 로컬 문제를 함께 해결해 나가는 것이 중요하다고 강조합니다. 이를 통해 사람들 간의 유대감이 강해지고, 로컬 사회의 지속 가능성이 높아질 수 있다는 것입니다.

마쯔다 히로야의 주장은 부산을 비롯한 한국의 지방 도시들이 마주한 현실과도 밀접한 관련이 있습니다. 부산 역시 고령화와 청년 인구의 감소, 도시와 농촌 간의 불균형 문제에 직면하고 있으며, 그의 경고와 제안을 통해 해결책을 모색할 수 있는 기회를 가질 수 있습니다. 그는 지방 소멸을 막기 위해서는 로컬 사회가 자생적으로 발전할 수 있는 방안을 마련하고, 주민들의 참여와 협력이 필수적이라고 피력합니다.

미국의 아스펜은 아름다운 자연 경관과 함께 스키 및 아웃도어 활동이 유명한 작은 도시입니다. 이곳은 여행자들에게 편안한 분위기에서 겨울 스포츠를 즐기고, 로컬 농산물로 만든 맛있는 음식을 맛볼 수 있는 기회를 제공합니다.

또한, 일본의 교토는 역사와 전통이 살아 숨 쉬는 도시로, 소규모의 전통 찻집과 아름다운 신사를 통해 깊이 있는 문화를 체험할 수 있는 곳입니다. 교토의 마을길을 걸으며 고즈넉한 분위기에 젖어드는 것은 여행자에게 특별한 경험이 됩니다. 이처럼 각 로컬의 고유한 특성을 살려 나가는 것이 로컬 시대의 매력을 더욱 부각시킵니다.

먼저, 로컬의 문제를 이해하고 그에 대한 해결책을 모색하는 것이 중요합니다. 로컬 사회가 어떤 문제를 안고 있으며, 그 문제를 해결하기 위해 어떤 아이디어가 필요한지를 깊이 고민해야 합니다. 이는 단순히 정보를 수집하는 것이 아니라, 로컬 주민들과 소통하며 그들의 목소리를 듣는 과정입니다. 공감이 기반이 된 문제 인식이 당신의 아이디어를 더욱 빛나게 할 것입니다.

또한, 창의력과 혁신적 사고를 발휘해야 합니다. 자신만의 시각으로 로컬의 문제를 바라보고, 기존의 틀을 깨는 대안을 제시해 보십시오. 변화를 두려워하지 말고, 실패를 두려워하지 마십시오. 당신의 아이디어가 작은 것이라도, 그것이 로컬 사회에 긍정적인 영향을 미칠 수 있다면 반드시 시도해 볼 가치가 있습니다.

당신의 아이디어를 실현하기 위해서는 협업의 힘을 활용하십시오. 혼자서는 할 수 없는 일들을 다른 청년들과 함께 할 수 있습니다. 다양한 배경과 경험을 가진 이들과 함께 팀을 이루어 프로젝트를 추진하면, 더 넓은 시각과 아이디어를 얻을 수 있습니다. 서로의 강점을 결합하여 로컬 사회에 대한 긍정적인 영향을 극대화해 나가시길 권합니다.

지속적으로 배워 나가고 성장하는 자세를 유지하십시오. 변화는 한 순간에 이루어지지 않습니다. 실패와 시도를 통해 배우고, 자신을 발전시키는 과정을 거치며, 꾸준히 자신의 아이디어를 발전시켜 나가야 합니다. 로컬 청년으로서의 경험은 당신을 더욱 강하게 만들어 줄 것입니다.

로컬에 매몰되어 세상의 흐름을 놓치거나 아이디어가 고갈될지도 모른다는 두려움과 걱정은 공감할 수 있는 고민입니다. 하지만 걱정하지 마십시오. 이러한 어려움을 극복하고 새로운 아이디어를 찾는 방법은 여러 가지가 있으며, 그 과정에서 자신을 발견할 수 있는 기회도 많습니다.

아이디어가 없다고 좌절하기보다는, 그 과정 자체를 성장의 기회로 삼는 것이 중요합니다. 로컬 사회의 문제를 해결하고자 하는 당신의 열정은 이미 그 자체로 큰 가치가 있습니다. 세상은 넓고 다양한 가능성이 존재하니, 그 가능성을 탐색하며 한 걸음 한 걸음 나아가길 바랍니다. 청년으로서의 그 용기와 열정이 로컬 사회에 긍정적인 변화를 가져오는 시작점이 될 것입니다.

이러한 노력이 뉴로컬리즘의 철학으로 이어진다면, 로컬의 색깔을 더욱 명확히 하는 데 기여할 수 있습니다. 로컬 사회의 특성과 고유성을 이해하고, 이를 바탕으로 새로운 시각을 갖는다면, 그 자체로 로컬의 발전을 위한 중요한 발판이 될 것입니다.

즉, 로컬의 매력을 재발견하고, 그 가치를 더욱 강화하는 과정은 우리가 더 나은 미래를 만들어가는 데 필수적인 요소가 될 것입니다. 로컬을 재조명하고, 그 안에서 발현되는 가능성을 적극적으로 수용하는 자세는 로컬이 지닌 독특한 매력을 한층 더 부각시킬 수 있습니다.

이러한 뉴로컬리즘의 개념을 이해하고 현실로 만들어 내는 변화는 결국 로컬 사회를 더욱 풍요롭게 하고, 모두가 함께 성장할 수 있는 기회를 만들어 줄 것입니다.

(7) 협상의 마법과 소통의 기술

중국 고대의 '후흑학'에서 '후(厚)'는 외부 감정을 드러내지 않는 것을, '흑(黑)'은 내면의 속마음을 숨기는 것을 뜻하며 이는 성공하려면 겉으로는 평범해 보이지만 내면에서 음흉하게 생각하는 것이 중요하다는 메시지를 담고 있습니다.

후흑학은 겉으로는 순백의 모습을 가장하면서도, 내면에서는 복잡한 전략을 숨기는 협상 기술을 강조하는 이론입니다. 북경대학 MBA 과정에서는 협상 과정에서는 상대방에게 자신의 의도를 철저히 감추고, 상황에 따라 유리한 정보를 선택적으로 제공하거나 차단함으로써 자신의 이익을 극대화해야 한다고 가르치고 있습니다.

오래전 이 이론을 접한 필자는 가슴에 통증을 느낄 정도로 감정이 격해지는 놀라움을 경험하며 관련 서적들을 열심히 읽어 나갔습니다. 후흑학은 심리적 전술을 활용하여 상대방의 감정과 우려를 고려한 접근 방식을 통해 더 유리한 결과를 도출할 수 있음을 보여 줍니다. 또한, 고정된 입장에서 벗어나 상황에 맞춰 전략을 조정함으로써 협상 진행을 원활하게 하고 긍정적인 결과를 창출할 수 있다고 피력하고 있습니다.

최근 트럼프 행정부의 관세 협상 전략은 미국의 자국 이익을 최우선으로 하여 관세를 인상하고 기존 무역 협정을 재협상하는 방향으로 진행되었으며, 이러한 접근은 제조업과 일자리 보호를 목표로 하였으나 결과적으로 글로벌 무역 긴장을 유발하고 동맹국과의 관계를 악화시키며 소비자 가격 상승과 경제적 불안정을 초래하는 부작용을 낳고 있습니다.

협상에서는 정보의 비대칭성을 활용하는 전략이 필수적입니다. 상대방이 알지 못하는 정보나 자신의 강점을 부각시킴으로써 유리한 위치를 점하는 것이 협상의 본질입니다.

전통적인 주입식 교육에 익숙한 환경에서 자라난 우리의 기성세대들이 대외협상에서 필요한 유연한 사고와 창의력이 충분히 발휘될 수 있을지에 대한 우려가 있습니다.

우리의 미래가 협상의 결과에 달려 있는 만큼, 이러한 상황은 단순히 걱정의 대상이 아니라 강력한 경각심을 불러일으켜야 합니다. 세상은 빠르게 변화하고 있으며, 우리에게 요구되는 것은 표면적인 지식이 아닌 깊이 있는 통찰력과 전략적 사고입니다. 협상의 성공은 정보의 교환을 넘어서는 지혜와 용기에서 비롯된다는 점을 명심해야 합니다. 지금 당장 변화를 위해 앞장서지 않으면, 우리의 기회는 사라지고 말 것입니다.

저는 다년간의 글로벌과 로컬에서의 다양한 경험을 통해 우리 청년들에게 커뮤니케이션 역량이 얼마나 필요하고 중요한지를 뼈저리게 느꼈습니다.

자동차 제조업의 복잡한 생태계 속에서, 완성차 제조업체와 1차 협력사, 그리고 그들의 하청업체들 간의 관계는 마치 복잡한 체계의 기계와 같았습니다. 이런 관계 속에서 지역 협력사들과 함께 일하는 로컬 청년들이 겪는 어려움을 이해하게 되었습니다.

예를 들어, 제가 1차 협력업체인 경남의 DL모터스에서 근무하던 시절, 불량품이 발생할 경우 책임 소재에 따라 완성차 업체로부터 페널티가 부과되는 일이 있었습니다. 이러한 상황에서는 고객사는 물론 2차, 3차 협력업체들과의 긴밀하고 원활한 커뮤니케이션이 필수적이었습니다. 특히 해외로 수출되는 부품의 경우, 제품이 바다를 건너 약 3개월 동안 운송되는 동안에 문제가 발생하면 전량 반품해야 했습니다. 수많은 분들의 노고와 정성이 담긴 부품이 다시 항만으로 되돌아오는 모습을 마주할 때면, 이루 말할 수 없는 안타까움과 책임감을 깊이 느꼈습니다.

해외 창고에 도착한 제품에 대한 창고비가 페널티에 포함되면서, 우리에게 가해지는 부담은 더욱 커져 갔습니다. 어느 날 출근하자마자, 낯선 이메일 하나가 제 눈을 사로잡았습니다. 내용은 충격적이었습니다. 납기 미준수로 인해 수백억 원의 페널티, 생산라인 멈춤으로 인한 인건비 배상 요구와 경고 메시지가 담겨 있었고, 그 내용을 보는 순간 저의 가슴은 무너지는 듯한 절망감에 휩싸였습니다.

  문제를 해결하기 위해 저는 단신으로 미국 애틀랜타로 날아갔습니다. 그러나 이미 고객 측은 전량 반품을 결정한 상태였고, 현지 공장장은 새벽 비행기로 도착해 출근 시간부터 기다리고 있던 저를 끝내 만나주지 않았습니다.

  다음 날 다시 공장을 찾았고, 철저한 보안으로 출입이 제한된 정문 앞에서 간절한 마음으로 사과의 뜻을 전했습니다. 그러나 이번엔 코로나 방역 유효기간이 만료되어 입장이 거부됐고, 저는 방역 검사를 위해 왕복 6시간을 운전해 테스트를 받고 난 뒤에야 공장 방문이 가능했습니다.

  그날도 오전 10시에 도착했지만, '회의 중'이라는 이유로 하루 종일 대기해야 했고, 결국 퇴근 직전에야 면담이 성사되었습니다.

  이러한 우여곡절 끝에 고객과 밤 12시를 넘겨서까지 협상을 이어 갔고, 결국 전량 반품 대신 현지에 엔지니어를 파견해 제품 성능을 개선하고 품질 인증을 받는 방향으로 합의할 수 있었습니다.

  이 사례는 고객의 입장에서 페인포인트(Pain Point)를 깊이 이해하고, 이를 바탕으로 공감과 끈질긴 설득을 지속한 결과 막대한 손실을 피할 수 있었던 협상의 성공 사례로 남았습니다.

  이어서 한 달 후에는 또 다른 일이 생겼습니다. 독일에 납품했던 대금이 1년이 지나도록 한 푼도 지급되지 않았다는 보고를 받았을 때는 말로 표현할 수 없는 참담함이 밀려왔습니다. 도대체 왜 이렇게 힘든 사업을 지속해야 하는지 깊은 고민에 빠졌습니다. 그 사이, 구내식당 건너편에서는 민주노총의 마이크 소리와 함께 붉은 띠를 두른 노동조합원들이 집단으로 모여 전단지를 나누며 임금 인상과 생산라인 중단을 예고하는 모습이 눈에 들어왔습니다.

그 풍경은 저에게 또 다른 고민을 안겨 주었습니다. 기업과 노동자의 갈등, 그리고 지속 가능한 미래를 위한 해법은 무엇인지에 대한 생각이 머릿속을 떠나지 않았습니다.

복잡하게 얽힌 문제들을 해결해야 하는 입장에 처해 있었기에, 하나하나의 문제를 해결하기 위해 동분서주할 수밖에 없었습니다. 이 모든 경험은 저에게 커뮤니케이션의 중요성을 다시금 일깨워 주었고, 청년들이 이러한 관계 속에서 어떻게 성장해 나갈 수 있을지 깊이 고민하게 만들었습니다.

이 시기에 가장 열정적으로 함께해 준 사람은 DL모터스의 한기범 팀장이었습니다. 미국 유학과 해외 근무 경험이 풍부한 그는, 서울 소재 대기업들의 여러 스카우트 제의와 유혹에도 흔들리지 않았습니다. 그 모든 제안을 뿌리치고, "내가 이 자리에 없으면 안 된다"는 선후배들에 대한 책임감과 고향에 대한 깊은 애정을 품고 초지일관 저와 함께 호흡을 맞추며 큰 성과를 이뤄 냈습니다.

'DL모터스의 손흥민'이라는 별명을 가진 그는, 지금도 테슬라, 포드, 폭스바겐 등 누구도 시도하지 못했던 해외 사업을 열악한 환경 속에서도 꿋꿋이 추진하고 있는 경남의 소중한 인재입니다. 저의 기억 속에 오랫동안 남을 로컬의 여러 후배들에게 앞으로도 저는 좋은 멘토로서의 역할을 꾸준히 이어 갈 것입니다.

후흑학의 방법은 아니었지만, 결과적으로 독일에 건너간 한팀장과 저는 한 달간 원인 규명과 논의, 협상 과정 끝에 완성차 회사로부터 30억 원을 성공적으로 수금할 수 있었습니다. 또한, 한국 완성차의 라인 스톱 위기를 해결하는 과정에서 2차 협력사로부터 받은 여러 압박을 상호 호혜적인 소통과 긴밀한 수십 차례의 협상을 통해 잘 마무리하여 안정된 공급 상태를 유지할 수 있었습니다.

앞으로 우리는 이보다 더 큰 난제를 만날 수도 있고, 크고 작은 어려운 일들이 매일 여러분을 기다릴 것입니다.

최근 중국의 AI 플랫폼인 딥서치(DeepSearch)와 같은 기업들은 기술 발전에 있어서 한국을 포함한 글로벌 시장에서 상당한 성과를 보여주고 있습니다. 중국 정부는 AI 개발과 관련하여 2025년까지 1천억 위안(약 150억 달러)의 투자를 목표로 하고 있습니다. 즉, 데이터 기반의 접근 방식은 한국 기업들이 따라잡기 어려운 경쟁력을 갖게 되니 협상력이 필요함과 동시에 AI로 인한 특허침해 등으로 또 다른 마찰이 예상

됩니다.

사실 협상력과 커뮤니케이션의 문제는 학생 시절부터 인문학 과목을 필수로 도입하는 것이 필요합니다. 철학, 역사, 문학, 사회학 등의 과목은 청년들에게 비판적 사고와 윤리적 판단 능력을 함양하는 데 유용하기에 이러한 지식습득과 질문 중심의 학습으로 자신과 타인의 관점을 이해하고, 다양한 문화적 배경을 고려한 협상 전략을 세울 수 있는 습관이 평소 만들어져야 합니다.

커뮤니케이션의 중요성을 강조하는 스토리텔링 기법을 활용한 워크숍을 통해 효과적인 의사소통 능력을 키우고, 상대방의 마음을 움직일 수 있는 설득력 있는 대화법을 익힐 수 있도록 해야 합니다. 즉, 로컬 청년들이 자신의 의견을 논리적이고 감정적으로 전달할 수 있는 능력을 배양하는 데 중점을 둬야 합니다.

실제 상황에 유연하게 대처하려면 실생활에서의 프로젝트를 통해 협력사와의 협상 경험을 쌓아야 합니다. 이를 통해 실제 상황에서의 커뮤니케이션 기술과 협상 전략을 체득하게 할 수 있는 교류 프로그램을 운영하여 글로벌 감각을 키우는 것이 필요합니다. 해외 유학이나 인턴십, 외국인과의 교류 프로그램 등을 통해 다른 문화와 가치관을 경험하게 함으로써, 협상 시 문화적 차이를 이해하고 존중하는 태도를 기를 수 있도록 해야 합니다.

커뮤니케이션 역량 키우기

1977년 테네리페(Tenerife) 공항에서 발생한 사고는 항공 역사에서 가장 참혹한 비극 중 하나로, 두 대의 항공기 충돌로 583명의 생명이 사라졌습니다. 이 사건의 주요 원인은 명확한 커뮤니케이션 오류였습니다.

사고 당시, KLM 항공의 기장은 관제사의 이륙 지시를 잘못 이해하고 비행기를 이륙시키려 했습니다. 그러나 이때 다른 항공기인 팬암(Pan Am)의 비행기가 활주로에 있었고, KLM의 조종사들은 기장의 권위 때문에 이 실수를 지적하지 못했습니다. 이처럼 리더의 권위와 팀원 간의 소통 부족이 결합되어, 비극적인 결과를 초래한 것입니다.

테네리페 공항 사고는 리더와 팀원 간의 원활한 소통이 얼마나 중요한지를 여실히 보여 줍니다. 열린 대화가 없으니 팀원들은 문제를 제기할 수 없었고, 결국 재앙으로 이어졌습니다.

이 사건은 우리가 효과적인 커뮤니케이션의 중요성을 잊지 말아야 한다는 교훈을 남깁니다.

커뮤니케이션 역량을 키우는 방법은 여러 가지가 있습니다. 첫째, 적극적인 경청을 연습하는 것이 중요합니다. 상대방의 말을 주의 깊게 듣고, 그들의 의견이나 감정을 이해하려고 노력함으로써 보다 효과적인 대화를 나눌 수 있습니다.

둘째, 명확하고 간결한 표현이 필요합니다. 자신의 생각이나 감정을 정확하게 전달하기 위해 필요한 언어를 선택하고, 불필요한 장황함을 피하는 것이 중요합니다.

셋째, 비언어적 커뮤니케이션의 중요성을 인식해야 합니다. 표정, 몸짓, 목소리의 억양 등 비언어적인 요소가 메시지의 전달에 큰 영향을 미치므로 이를 적극적으로 활용해야 합니다.

넷째, 다양한 커뮤니케이션 방식을 경험해 보는 것이 좋습니다. 프레젠테이션, 그룹 토의, 강연 등 다양한 상황에서 의사소통을 시도함으로써 자신감을 키우고 다양한 기술을 익힐 수 있습니다.

다섯째, 피드백을 통한 개선이 필요합니다. 타인으로부터의 피드백을 통해 자신의 커뮤니케이션 스타일과 효과를 점검하고, 지속적으로 발전시켜 나가는 것이 중요합니다. 이러한 방법들을 통해 커뮤니케이션 역량을 체계적으로 향상시킬 수 있습니다.

마지막으로, 멘토링 시스템을 적극 활용하여 실전 경험이 풍부한 멘토와 청년들이 만나고 소통할 수 있는 소중한 기회를 만들어야 합니다. 멘토들은 인문학적 지식뿐만 아니라, 실제 협상에서 얻은 귀중한 경험과 통찰력을 여러분에게 전해 줄 수 있습니다. 이러한 혁신적인 접근을 통해 지역 청년들과 중소기업 협력사들이 보다 효과적으로 협상하고, 깊이 있는 커뮤니케이션 역량을 끌어올릴 수 있을 것입니다.

여러분은 지역의 청년으로서 무한한 잠재력을 지니고 있습니다. 여러분의 협상력과 커뮤니케이션 역량은 단순히 수익을 창출하는 데 그치지 않고, 경제 전반에 엄청난 파급력을 미치는 힘이 됩니다. 그러므로 주도적으로 배우고 연마하는 과정이 필요합니다.

지금까지 제안한 7가지 To Do List를 하나씩 실행해 보십시오. 시간은 빠르게 지나갑니다. 지금이 바로 변화를 시작할 순간입니다.

나만의 To Do List 작성해 보기(청년 세대)

1. 마음의 근육을 키워 고(苦)에서 낙(樂)으로 승화

설명: 힘든 상황에서도 긍정적인 마음가짐을 유지하고, 어려움을 극복하기 위한 나만의 방법을 3가지만 생각해 보세요. (예: 템플스테이 또는 명상여행 떠나기)

_____

_____

_____

2. 적응력과 추진력의 배양

설명: 변화하는 환경에 잘 적응하고, 목표를 향해 끊임없이 나아가기 위한 계획을 세워 보세요.
(예: 요즘 마케팅에서 중요한 건 뭘까? AI나 숏폼 콘텐츠, 인스타그램 트렌드 조사 등 마케팅 환경 파악하기)

_____

_____

_____

3. 글로벌 시각을 키워라

설명: 다양한 문화를 이해하고, 세계적인 관점에서 사고하는 습관을 기르려면 무엇을 해야 할지 생각해 계획을 세워 보세요.
(예: BBC, 알자지라, 넷플릭스 다큐 등 다양한 시각을 접하면서 세계 이슈 탐구를 통해 배경지식 축적하기)

_____

_____

_____

4. 창의적 콘텐츠 개발

설명: 자신만의 독창적인 아이디어를 개발하거나, 창의적인 나만의 시야를 가지려면 무엇을 해야 할지 계획을 세워 보세요.
(예: 아이디어 노트를 만들어 매일 떠오르는 생각을 짧게 메모하고,

일주일에 한 번 정리해서 '내 생각 지도'를 만들어 자신만의 생각 패턴 생성해 보기)

_____
_____
_____

5. 연결의 힘을 활용하라

설명: 네트워킹을 통해 새로운 기회를 만들고, 어떻게 나만의 인맥을 확장할지 생각해 보세요.
(예: 온라인 커뮤니티, 스터디 그룹, 공모전 참가를 통해 나와 관심사가 비슷한 사람을 찾아 먼저 연결하기)

_____
_____

6. 로컬 발전을 위한 혁신적인 아이디어 제안

설명: 지역 사회에 기여할 수 있는 참신한 아이디어를 생각해 보세요.
(예: '청년 셀프 토크 콘서트' 개최를 통해 지역 청년들이 서로의 진로, 고민, 희망을 자유롭게 나누는 소통의 장 마련)

_____

_____

_____

7. 협상의 마법과 소통의 기술

설명: 효과적으로 의사소통하고, 협상력을 높이기 위해 무엇을 해야 하는지 생각해 보세요.
(예: 『하버드 협상의 기술』, 『비폭력 대화』, 『설득의 심리학』 등의 책을 읽고 세미나를 열어 협상력 향상을 위한 실습을 주도적으로 해 보고, 청년 커뮤니케이션 리더십 과정 등 관련 교육에 참여하기)

_____

_____

_____

기성세대의 To Do List

(1) 뉴로컬리즘으로 가는 정책 제안과 실행

로컬리즘의 진화와 발전을 위해서는 기성세대가 제도의 개혁과 보완에 적극 나서야 할 것입니다.

첫 번째로, 국내 노동시장의 경직성을 완화하는 것이 절실합니다. 해고를 어렵게 만드는 노동법 개정과 금속노조와 같은 강성노조의 기업 활동 간섭을 배제해야 하며, 자영업자들이 겪고 있는 쪼개기 고용 문제를 해결하기 위해 주휴수당 축소 및 기준 근로시간 상향이 필요합니다.

특히, 주 52시간 최대 근로제의 적용으로 인해 첨단 기술의 R&D 역량이 약화되고 있는 현실은 기업 경쟁력에 심각한 위협이 되고 있습니다. 근로시간의 유연성을 확보하기 위한 제도 개선이 시급한 상황입니다.

두 번째로, 기업 친화적인 세제 개편이 절대적으로 필요합니다. 기업의 활발한 활동은 법인세, 부가세, 소득세 세수의 증대를 가져와 국가와 지방의 건전 재정을 이끌어 낼 수 있습니다.

이를 위해 비중이 작은 상속세와 증여세의 과표 기준을 완화하고 세율을 인하하는 방향으로의 세제 개혁이 요구됩니다. 현재의 상속세 체계는 경영권의 안정화를 저해하며, 많은 기업들이 폐업과 매매의 기로에 서 있는 현실이 이를 증명합니다. 이러한 상황은 결국 고용 축소와 생산 감소, 세수 결손을 초래할 것입니다. 부의 대물림이라는 부정적인 인식을 전환하여 기업 활동이 더욱 융성하고, 고용 증가와 생산 확대, 세수 증가의 선순환 경제가 정착될 수 있도록 해야 합니다.

세 번째로, 지역별, 산업별로 산학연 R&D 클러스터를 조성하여 지역 인재를 체계적으로 육성하고 지역 기업의 활성화를 도모해야 합니다.

네 번째로, 국내 첨단 산업의 연구개발(R&D) 관련 글로벌 기업의 연구소 유치를 위한 혁신적인 지원과 함께, 국내 첨단 기술의 유출 방지를 위한 산업기술 보호법의 보완과 강화가 시급합니다.

이는 첨단 기술 유출 방지와 지역 발전을 통해 국가 경제에 이바지하기 위한 전략적인 선택입니다. 이러한 방향으로 나아갈 때, 지속 가능한 성장이 이루어질 것입니다.

특히 TSMC(대만 반도체 제조 회사)의 사례를 살펴보면, 그들이 최첨단 미세 공정과 관련된 R&D 센터를 왜 대만 내에서만 구축하는지 알 수 있습니다. TSMC는 기술 유출 방지를 위해 다양한 대책을 마련하고 있습니다. 예를 들어, 연구소의 위치를 로컬에 두어 기술자들이 외부로 나가지 않도록 하고, 철저한 정보 보안을 유지하여 핵심 기술이 외부로 유출되지 않도록 하고 있습니다. 이러한 전략은 TSMC가 자국에서 기술 역량을 키우고, 자국 산업의 경쟁력을 강화하기 위한 중요한 방안으로 작용합니다.

이러한 점에서 TSMC의 접근은 '뉴로컬리즘'과 밀접한 연관이 있습니다. 뉴로컬리즘은 지역 자원을 활용하여 지역 경제를 발전시키는 동시에 글로벌 경제와의 연결을 강화하는 접근 방식을 의미합니다. TSMC가 자국 내에서 R&D를 집중화함으로써, 지역 경제를 발전시키고 기술적 경쟁력을 높이는 것은 바로 뉴로컬리즘의 실천입니다.

또한, 미국의 트럼프 대통령이 강조한 보호무역주의와도 일맥상통합니다. 트럼프는 미국의 산업과 일자리를 보호하기 위해 자국 내에서 생산과 연구 개발을 강조했습니다. 이는 외국 기업의 기술 유출을 막고, 자국의 첨단 산업을 유지하기 위한 전략적 선택이었습니다. 마찬가지로, TSMC가 대만 내에서 R&D 센터를 운영하는 것도 자국의 기술과 산업을 보호하고 강화하기 위한 방법입니다.

결국, 이러한 접근 방식은 국가 경제의 지속 가능한 성장을 위한 전략이 됩니다. 자국의 기술을 보호하고 발전시키는 동시에, 글로벌 시장에서의 경쟁력을 유지하기 위해서는 혁신적인 지원과 법적 근거가 반드시 필요합니다. 이를 통해 우리는 기술 유출을 방지하고, 지역 경제 발전을 이루며, 궁극적으로 국가 경제 성장에 기여할 수 있습니다.

기성세대는 이제 뉴로컬리즘으로 나아가는 정책 제안과 실행에 적극적으로 나서야 할 때입니다. 변화를 이끌고, 미래를 함께 만들어 가는 주역이 되어 주십시오!

(2) 소가 밭 갈던 시대에서 AI를 경험한 유일한 세대로서 해야 할 일

소가 밭 갈던 시대에서 AI를 경험한 유일한 세대인 지금의 기성세대는 그야말로 시간의 격변 속에서 살아남은 경이로운 존재들입니다. 아날로그와 디지털, 그리고 AI를 함께 겪으며 축적된 경험은 단순한 지식의 나열이 아닙니다. 이는 이들이 가진 고유한 자산으로, 이제는 다음 세대인 청년들과 함께 나누어야 할 때입니다.

최근 인구 절벽을 바라보면, 농경 사회에서 자녀의 수는 그 가정의 생산성과 직결되었던 시절이 떠오릅니다. 당시에는 수명이 짧았고, 노동력이 유일한 경쟁력으로 여겨졌기에 7남매, 8남매가 흔한 풍경이었습니다.

그러나 지금 우리는 무한 경쟁의 시대에 살고 있습니다. 자녀는 오히려 추가적인 비용을 발생시키는 존재로 여겨지며, 1인 가구가 증가하면서 평균 출산율은 최저치로 향하고 있고 산업혁명의 시대가 성숙해짐에 따라, 출산 자체가 생산성을 저하시킨다는 우스갯소리도 들리게 되었습니다.

우리가 경험한 시대는 농경 사회에서 시작해 아날로그 시대를 지나, 라디오와 컬러 TV의 등장, 달나라 탐사, 그리고 스마트폰 혁명에 이르기까지 다양한 변화를 겪어 왔습니다. 이제 AI 시대를 맞이한 우리는 이 모든 경험이 단순한 기술의 발전을 넘어, 우리의 사회와 문화, 그리고 인간 본질에까지 깊은 영향을 미쳤음을 깨닫게 됩니다.

이러한 변화는 우리의 사고방식과 행동 양식, 그리고 삶의 가치관을 어떻게 형성해 왔는지에 대한 소중한 이야기로 이어집니다. 과거의 기억을 되새기며, 우리는 현재의 모습을 돌아보고 미래를 향해 나아갈 수 있는 지혜를 얻으려 합니다.

농경사회에서 시작된 우리의 삶은 공동체 중심의 가치관을 키웠습니다. 사람들은 서로의 의지와 협력이 필수적이었고, 자연과의 조화로운 관계를 통해 삶의 의미를 찾았습니다. 그러나 산업화와 도시화가 진행되면서, 개인주의와 경쟁의 시대가 도래했습니다. 서로 다른 세대 간의 갈등이 시작되었고, 새로운 가치관이 형성되었습니다. 이는 인간의 본질에 대한 질문을 불러일으켰습니다. 우리는 과연 무엇을 위해 일하고, 어떻게 살아가야 하는가?

라디오와 TV의 보급이 시작된 이후, 사람들의 소통 방식과 정보 소비 방식이 급격히 변화했습니다. 우리는 이제 다양한 콘텐츠와 정보를 손쉽게 접할 수 있게 되었고, 서로 다른 문화와 사고방식이 섞이며 사회가 더욱 복잡해지기 시작했습니다. 그 과정에서 우리는 타인의 시선에 영향을 받게 되었고, 사회적 정체성에 대한 고민이 깊어졌습니다. 어떻게 하면 나 자신을 잃지 않고, 다각화된 사회 속에서 나의 목소리를 낼 수 있을까? 이러한 질문은 여전히 많은 이들에게 중요한 과제가 되고 있습니다.

달나라 탐사는 인류의 호기심과 탐구 정신을 상징합니다. 우리는 우주로 나아가며 경계를 허물고 새로운 가능성을 모색하게 되었습니다. 그러나 동시에 우리는 지구라는 고향을 잊지 말아야 한다는 교훈도 배웠습니다. 우리는 생태계를 보호하고, 인간의 본질적 삶의 터전인 지구의 가치를 재조명해야 하는 시점에 있습니다.

스마트폰과 AI의 시대에 접어들면서 우리는 더욱 연결된 삶을 살게 되었습니다. 정보가 넘치는 시대, 우리는 과연 진정한 소통을 이루고 있는지 의문을 던지게 됩니다. 우리의 관계는 더 많은 데이터를 기반으로 하지만, 그만큼 소외감과 외로움도 증가하고 있습니다. 인간의 본질인 관계 형성과 소통이 기술에 의해 어떻게 변화했는지를 돌아봐야 할 때입니다.

이런 다양한 경험들은 우리의 삶을 풍부하게 만들었지만, 동시에 새로운 도전과 질문을 안겨 주었습니다. 기성세대는 이러한 변화를 통해 얻은 지혜를 청년들과 나누어야 합니다. 우리가 겪은 사회적, 문화적 변화를 통해 얻은 교훈은 단순한 개인의 이야기가 아니라, 인류가 함께 나아가야 할 방향을 제시하는 중요한 나침반이 될 것입니다.

기성세대는 풍부한 경험을 바탕으로 청년들에게 인간의 본질을 탐구하고 서로를 이해하며 존중하는 방법을 가르쳐야 합니다. 이는 단순한 세대 간의 교류를 넘어, 시대를 초월한 인간성에 대한 깊은 통찰을 나누는 과정으로 이어집니다. 이러한 상호작용을 통해 우리는 더 나은 지역 사회를 만들 수 있는 힘을 얻습니다.

기성세대는 멘토로서 청년들에게 자신의 실패와 성공을 솔직하게 공유함으로써, 실패가 두렵지 않다는 것을 알려 주고, "실패는 성공의 어머니"라는 진리를 몸소 보여 줘야 합니다. 또한, 청년들이 꿈과 비전을 실현할 수 있도록 실질적인 지원을 아끼지 않아야 하며, 그들의 이야기에 귀 기울이는 것이 중요합니다. 지혜로운 조언과 솔직한 피드백을 제공하여 청년들이 나아갈 수 있도록 도와줘야 합니다.

지역 사회의 자원과 네트워크를 적극 활용하여 청년들이 성공할 수 있도록 연결고리를 만들어 주는 것도 기성세대의 중요한 역할입니다. 예를 들어, 지역 기업이나 기관과의 연계를 통해 청년들이 실제 경험을 쌓을 수 있는 인턴십이나 멘토링 프로그램을 제안하여, 그들의 성장과 발전을 지원해야 합니다.

이러한 노력들은 기성세대와 청년 간의 관계를 더욱 돈독히 하며, 함께 나아가는 길을 열어 줄 것입니다.

오프라 윈프리(Oprah Winfrey)는 미국의 방송인, 자선가로, 세계에서 가장 영향력 있는 여성 중 한 명으로 손꼽힙니다.

"가장 중요한 것은 당신의 경험을 다른 사람들과 나누는 것입니다. 그들이 당신의 이야기를 듣고, 그들 자신의 삶에서 변화를 이루도록 영감을 주길 바랍니다."라는 그녀의 명언은 우리가 서로의 경험을 통해 성장할 수 있다는 메시지를 담고 있습니다.

기성세대가 청년들에게 지역 사회 변화를 이끌고 경험을 나누는 데 중요한 역할을 해야 합니다. 필자가 청년들에게 하고자 하는 10가지 제안은 기성세대의 역할과 구체적인 실행 계획을 포함합니다.

먼저, 청년들과 경험을 나누어야 합니다. 각자의 삶에서 얻은 성공과 실패의 이야기는 청년들에게 유용한 교훈이 될 수 있습니다. 자신이 겪었던 일들을 솔직하게 공유하며, 청년들이 겪고 있는 고민에 대한 답을 찾는 데 도움이 되어야 합니다. 그래서 정기적으로 워크숍이나 세미나를 통해 청년들과 만나고, 서로의 이야기를 나누는 시간을 마련하여야 합니다.

또한, 청년들이 꿈꾸는 미래를 위해 멘토링 프로그램을 운영하여야 합니다. 청년들은 어떤 목표를 가지고 있는지, 그리고 그 목표를 이루기 위해 어떤 도움이 필요한지를 듣고 싶어 합니다. 청년들의 멘토가 되어, 실질적인 조언과 지원을 제공할 수 있도록 노력하여야 합니다. 이를 통해 청년들이 목표를 향해 나아가는 데 필요한 지침이 되어야 합니다.

네트워킹 기회도 중요합니다. 청년들이 다양한 사람들과 연결되고, 새로운 기회를 탐색할 수 있도록 지역 기업과의 만남을 주선하여야 합니다. 이를 통해 청년들의 진로에 대한 폭넓은 시각을 제공하고, 실무 경험을 쌓을 수 있는 기회를 만들어 주어야 합니다.

정보는 힘입니다. 그래서 청년들이 필요한 자원과 정보를 쉽게 접할 수 있도록 정리하여 매월 뉴스레터를 발송하는 방안을 마련하여야 합니다. 이를 통해 청년들이 활용할 수 있는 다양한 프로그램이나 지원 사항을 놓치지 않도록 하여야 합니다.

또한, 창의적인 프로젝트를 지원하는 기금을 마련하여 청년들의 아이디어가 현실로 이루어질 수 있도록 도와야 합니다. 청년들의 창의력을 발휘할 수 있는 자리를 마련하여, 우수한 프로젝트에는 자금 지원을 아끼지 말아야 합니다.

우리는 모두가 서로를 이해하고 존중하는 열린 대화의 공간이 필요하다고 생각합니다. 그래서 매월 '세대 간 대화의 시간'을 통해 청년들과 자유롭게 의견을 나눌 수 있는 기회를 실질적으로 만들어야 합니다. 서로의 생각을 존중하고, 다양한 관점을 통해 더 나은 방향으로 나아갈 수 있도록 함께 고민해야 합니다.

청년들이 실습 기회를 통해 경험을 쌓고 성장하는 것도 매우 중요합니다. 지역 기업과 협력하여 청년들이 인턴십을 통해 직무 경험을 쌓을 수 있도록 지원해야 합니다. 이를 통해 실제 현장에서의 경험이 청년들의 커리어에 큰 도움이 되어야 합니다.

사회에 대한 책임감도 함께 나누어야 합니다. 청년들이 지역 사회의 문제를 해결하는 데에 참여할 수 있도록 봉사 활동을 조직하여야 합니다. 함께 노력하여 작은 변화라도 만들어 나갈 수 있도록 하여야 합니다.

정신적인 지지도 필요합니다. 현대 사회에서 겪는 불안과 스트레스는 누구에게나 큰 도전입니다. 우리는 월 1회 정신 건강 세미나를 열어 전문가와 함께 청년들의 고민을 나누고, 서로의 이야기를 통해 지지를 받을 수 있는 자리를 마련하여야 합니다.

마지막으로, 우리는 지속적인 학습의 중요성을 강조하고 싶습니다. 청년들이 새로운 지식과 기술을 배울 수 있도록 다양한 교육 프로그램을 제공하여야 합니다. 열린 마음으로 배우고 성장하는 모습을 함께할 수 있도록 노력하여야 합니다.

농경 시대에서 AI를 경험한 유일한 세대인 지금의 기성세대는 청년들이 허심탄회하게 이야기할 수 있도록 진심으로 청년들에게 열린 마음으로 다가가야 합니다.

(3) 멘토십의 중요성, 경험과 지식의 전달

서울의 한강이 내려다보이는 언덕에 있는 한 집안 모퉁이, 그곳은 외할머니와 가족들이 함께 모여 따뜻한 석유난로 곁에서 지내던 아늑한 공간이었습니다. 겨울의 포근한 품속 같은 그곳에서 우리는 라디오 드라마를 듣고 있었고, 할머니는 드라마 속 긴장감에 몰두하고 계셨습니다. 그러던 어느 순간, 라디오에서 소리가 끊겼고 할머니의 눈빛은 불안으로 가득 찼습니다. "얘야, 이 라디오가 왜 갑자기 안 나오는 거지?"라며 걱정스레 물으셨습니다.

그 순간, 저는 본능적으로 라디오를 가볍게 걷어찼습니다. 놀랍게도 라디오는 다시 소리를 내기 시작했고, 할머니는 저를 바라보며 깜짝 놀라 웃음을 터뜨리셨습니다. "우히, 손자가 기술자네! 나중에 커서 훌륭한 엔지니어가 되겠어." 그 한마디에 제 마음속에는 작은 불꽃이 일기 시작했습니다.

그 불꽃은 시간이 지나면서 저에게 고장 난 물건들을 고치겠다는 자신감을 심어 주었고, 옆집 방송 기술자 아저씨를 보며 자연스럽게 엔지니어가 되고 싶다는 꿈을 가지게 만들었습니다. 당시 경제 부흥을 외치던 시대 속에서 기술자는 특별한 대우를 받았고, 어린 제 마음속에는 부러움과 희망이 가득했습니다.

고등학교 2학년, 저는 자연스럽게 이과를 선택했습니다. 하지만 그때 멘토가 있었다면 제 적성을 더 빨리 찾아갈 수 있었을 텐데 하는 아쉬움이 남았습니다. 멘토 없이 어린 시절의 잠재의식이 저를 이끌어 공대에 진학하게 되었고, 전자공학을 전공했습니다. 그러나 시간이 지나면서 저는 제가 진정으로 원하는 것이 문과 쪽이라는 것을 깨닫게 되었습니다.

회로를 분석하고 디자인하는 작업은 저에게 피로감과 괴로움을 주었고, 행복감은 점점 사라졌습니다. 그와 반대로 옆 동료가 즐겁게 일하는 모습을 보며 저의 내면에서 울려 퍼지는 불협화음은 점점 커져만 갔습니다. 저는 고민 끝에 상위 매니저와 상담을 하여 결국 경영전략 부서로 자리를 옮기게 되었습니다. 이 과정에서 동기부여가 생기고, 잠재의식 속의 열정이 각성되어 제 인생을 변화시켰다는 것을 알게 되었습니다.

원인 없는 결과는 없고, 결과 없는 원인 또한 존재하지 않습니다. 우리는 매일 자신의 잠재력에 동인을 제공하며, 하루하루의 선택이 우리의 운명을 만들어 갑니다. 과거에 대한 괴로움과 후회는 미래의 길을 막는 장애물일 뿐입니다. 어린 시절의 작은 소리조차 꿈의 씨앗이 될 수 있습니다.

그래서 저는 멘토의 역할이 얼마나 중요한지를 강조하고 싶습니다.

청년들의 꿈과 열정은 소중합니다. 하지만 그 길을 찾는 것은 쉽지 않을 수 있습니다. 청년들이 마주하는 도전과 어려움은 저와 기성세대가 쌓아 온 경험을 통해 이해하고 극복할 기회가 될 것입니다.

이제, 진심으로 청년들과 이야기를 나누고 싶습니다. 우리가 나아가야 할 길은 혼자서는 걸어갈 수 없습니다. 기성세대가 청년들의 빛나는 미래를 위해 무엇을 할 수 있을지 고민하고, 함께 나아갈 방법을 찾아야 합니다. 여러분의 꿈과 열정이 이 세상을 더욱 밝게 만들어 줄 것이라는 믿음을 가지고, 함께 성장해 나가길 바랍니다.

우리가 나누는 경험은 단순한 조언을 넘어 청년들에게 힘을 주는 촉매 역할을 할 수 있습니다. 멘토와의 대화 속에서 청년들은 자신의 가능성을 발견하고, 더 큰 꿈을 품게 될 것입니다. 기성세대는 청년들의 멘토로서, 비전을 존중하고 함께 고민하며 길잡이가 되어야 합니다.

세상은 청년들의 손에 달려 있습니다. 작은 불꽃이 큰 불이 되고, 청년들의 꿈이 현실로 만들어질 수 있도록 함께 나아갑시다.

또한, 기성세대는 청년들의 목소리를 경청하고 그에 따라 지원해야 하는 책임이 있습니다. 청년들이 필요로 하는 것이 무엇인지, 어떤 도움이 필요한지를 파악하는 것이 우리의 의무입니다. 청년들의 이야기를 귀 기울여 듣고, 그에 맞춰 도움의 손길을 내밀 수 있어야 합니다. 청년들이 겪는 어려움, 두려움, 그리고 희망을 나눌 수 있는 공간을 마련하는 것이 중요합니다. 이를 통해 청년들이 더 나은 선택을 할 수 있도록 돕고, 스스로의 길을 찾아갈 수 있는 힘을 불어넣어 줄 수 있습니다.

기성세대의 또 다른 중요한 역할은 지역 사회의 자원과 기회를 연결해 주는 것입니다. 우리가 가진 인맥과 네트워크를 활용하여, 청년들이 원하는 분야에서의 인턴십, 현장 경험, 또는 프로젝트 참여 기회를 제공할 수 있습니다. 이러한 경험은 청년들이 경력을 쌓는 데 큰 도움이 될 것이며, 실제 현장의 목소리를 듣는 소중한 기회가 될 것입니다. 청년들의 잠재력이 현실로 이어질 수 있도록 지원하는 것이 기성세대의 사명입니다.

기성세대는 지역 사회에 대한 책임감을 가지고 적극적으로 참여해야 합니다. 모두 함께 지역 사회를 더욱 발전시키기 위해 끊임없이 노력해야 합니다. 지역 문제를 함께 고민하고 해결책을 찾아 가는 과정에서 청년들의 의견이 반영될 수 있도록 해야 합니다. 청년들이 지역 사회의 중요한 일원임을 느끼고, 그 속에서 자긍심을 가질 수 있도록 돕는 것이 기성세대의 역할입니다.

이 모든 것들은 서로의 연결을 통해 이루어집니다. 기성세대가 청년들에게 진심으로 다가가고, 청년들의 이야기를 듣고, 함께 고민하는 이 과정에서 우리는 더 나은 미래를 만들어 갈 수 있습니다. 청년들의 열정이 지역 사회의 희망이 되고, 기성세대에게는 책임감과 자긍심을 불어넣는 이 멘토십이 우리의 소중한 연결고리가 되길 바랍니다.

넬슨 만델라(Nelson Mandela)는 남아프리카 공화국의 인권 운동가이자 대통령으로, 인종 차별을 종식시키고 민주주의를 수립한 상징적인 인물입니다. 그의 말에 따르면, "교육은 세상을 변화시키는 가장 강력한 무기입니다. 멘토는 그 교육의 중요한 부분이며, 청년들이 세상에서 성공하는 데 큰 역할을 합니다."라는 점에서 기성세대와의 관계는 깊은 시너지를 창출할 수 있습니다.

멘토와의 관계는 단순한 조언을 받는 것을 넘어서는 깊은 상호작용입니다. 청년들이 멘토십을 통해 얻는 것이 무엇인지, 그리고 그 관계에서 어떻게 상호 시너지를 낼 수 있는지를 이야기해 보고자 합니다.

먼저, 멘토십을 받는 청년들의 자세는 매우 중요합니다. 열린 마음과 겸손한 태도로 멘토와의 대화에 임하는 것이 필요합니다. 멘토는 청년들이 가진 잠재력을 발견하고 키워 주고자 하는 동반자입니다. 그들의 경험과 지혜를 존중하고, 귀 기울여 듣는 자세가 필요합니다. 질문을 통해 깊이 있는 대화를 나누고, 그들의 조언을 적극적으로 수용하는 것이 중요합니다. 이는 청년들이 더욱 성장할 수 있는 기회를 만들어 줄 것입니다.

청년들이 멘토에게 적극적으로 피드백을 주는 것도 중요한 부분입니다. 멘토는 청년들의 반응과 필요를 이해하고 조정할 수 있어야 합니다. 청년들이 느끼는 어려움이나 궁금증을 솔직히 이야기함으로써 멘토가 보다 효과적으로 청년들을 도울 수 있도록 길잡이가 되어 주세요. 이러한 소통은 청년들의 성장뿐만 아니라, 멘토에게도 새로운 인사이트와 동기부여를 줄 것입니다.

멘토와의 관계에서 서로의 강점을 부각시킬 수 있는 방법도 있습니다. 청년들이 가진 열정과 창의력을 바탕으로 멘토와 함께 프로젝트를 진행하거나, 지역 사회에 기여할 수 있는 활동을 제안하는 것입니다. 청년들의 신선한 아이디어와 멘토의 경험이 결합될 때, 놀라운 시너지를 만들어 낼 수 있습니다. 이러한 공동의 노력이 청년들 스스로에게도 큰 동기부여가 될 것이며, 멘토에게도 큰 보람을 안겨 줄 것입니다.

상호작용을 통해 생기는 경험은 청년들이 성장하는 데 많은 도움이 됩니다. 멘토에게 배우는 것뿐만 아니라, 청년들의 새로운 시각과 아이디어가 멘토에게도 영감을 줄 수 있습니다. 멘토와의 대화를 통해 서로의 시각이 확장되고, 서로에게 긍정적인 영향을 미치는 기회를 만들어 갈 수 있습니다. 이는 단순한 일방적인 관계가 아닌, 서로가 서로에게 필요한 존재가 되는 것입니다.

마지막으로, 멘토십은 단기적인 관계가 아닌, 지속적인 관계로 발전할 수 있습니다. 청년들이 멘토에게 배운 것을 바탕으로, 나중에는 후배들에게 그 경험과 지혜를 나누어 줄 수 있는 멘토가 되어 보세요. 이 과정에서 청년들이 멘토로서의 역할을 수행하며 지역 사회에 대한 책임을 느끼게 될 것입니다. 이는 멘토와의 관계를 더욱 깊게 하고, 지역 사회의 성장에도 기여하는 멋진 순환이 될 것입니다.

멘티가 멘토링을 받는 것은 시작에 불과합니다. 멘토링의 과정에서 가장 중요한 것은 그 배움을 실제로 실행에 옮기는 것입니다. 실행을 성공적으로 수행하기 위한 방법과 전략을 공유하겠습니다.

① 목표 설정과 계획 수립

멘토와의 대화에서 얻은 통찰력을 바탕으로 구체적인 목표를 설정하는 것이 필수적입니다. 어떤 방향으로 나아갈 것인지, 무엇을 이루고 싶은지를 명확히 해야 합니다. 목표를 세운 후에는 그 목표를 달성하기 위한 세부 계획을 수립하십시오. 일정과 마일스톤을 설정하여 진전을 체크할 수 있도록 합니다.

② 적극적인 피드백 수용

멘토와의 대화에서 얻은 피드백은 매우 중요합니다. 멘토의 조언을 받아들이고, 이를 바탕으로 자신의 행동을 조정하는 태도가 필요합니다. 피드백을 잘 활용하면 자신의 성장과 발전에 큰 도움이 됩니다. 멘토와의 정기적인 체크인 시간을 마련하여 자신의 진전을 공유하고, 필요한 조언을 받을 수 있도록 합니다.

③ 작은 실행 단위로 나누기

큰 목표를 작고 구체적인 실행 단위로 나누는 것이 중요합니다. 한 번에 많은 것을 하려 하지 말고, 작은 단계를 통해 차근차근 나아가야 합니다. 예를 들어, 새로운 기술을 배우는 것이 목표라면, 매일 30분씩 학습하는 시간을 마련하거나, 필요한 자료를 정리해 두는 등의 작은 실천을 통해 목표에 다가갈 수 있습니다.

④ 커뮤니티와의 연결

멘토링 과정에서 얻은 지식을 다른 사람들과 공유하고, 함께 성장할 수 있는 커뮤니티에 참여하는 것도 좋은 방법입니다. 동료나 다른 멘티들과의 교류를 통해 서로의 경험을 나누고, 격려하며 목표를 향해 나아갈 수 있습니다. 함께하는 힘은 청년들의 실행력을 더욱 강화할 것입니다.

⑤ 지속적인 학습과 반성

실행 후에는 항상 결과를 돌아보고 반성하는 시간을 가지십시오. 무엇이 잘 되었는지, 어떤 부분에서 어려움이 있었는지를 분석하고, 다음 단계로 나아가기 위한 교훈을 얻으시기 바랍니다. 지속적인 학습과 반성의 과정은 청년들의 성장에 큰 도움이 될 것입니다.

⑥ 자발적인 행동과 책임감

멘티로서의 자발적인 행동은 매우 중요합니다. 멘토링은 청년들이 주도적으로 참여하고 실행하는 과정입니다. 멘토에게만 의존하지 말고, 스스로의 행동에 책임을 느끼고 적극적으로 나서야 합니다. 자신의 성장과 발전은 결국 청년들의 손에 달려 있습니다.

이러한 방법들을 통해 멘티는 멘토링을 단순한 배움의 과정이 아니라, 실제로 실행하고 성장하는 여정으로 만들어 갈 수 있습니다. 멘토링은 경험과 지식을 효과적으로 전달할 수 있는 최고의 수단으로, 청년들이 성공적인 미래를 향해 나아가는 데 필수적인 역할을 합니다.

(4) 글로벌 시장을 염두에 둔 지역 자원의 활용

지역 자원을 활용하여 글로벌 시장에서의 경쟁력을 높이는 일은 기성세대와 청년들이 함께 나아가야 할 중요한 과제입니다. 이 과정에서 기성세대가 청년들에게 멘토 역할을 하는 것은 매우 의미 있는 일입니다. 따라서 기성세대가 청년들에게 해 주어야 할 일들을 진솔하게 나누어 보겠습니다.

첫째, 기성세대는 청년들에게 단순한 조언을 넘어, 그들의 여정을 함께 걸어가는 동반자가 되어야 합니다. 지역 자원을 활용하여 글로벌 시장에 도전하는 그들의 꿈을 지지하고 응원하는 것이 무엇보다 중요합니다. 청년들이 지역 자원의 가치를 이해하고 이를 글로벌 시장에 연결할 수 있도록 도와주어야 합니다.

둘째, 청년들에게 지역 자원의 중요성을 직접 보여 줘야 합니다. 지역에서 자생적으로 자라나는 자원들을 함께 탐험하면서, 그 자원들이 어떻게 활용될 수 있는지에 대한 이야기를 나누는 것이 좋습니다. 실질적인 사례를 통해 지역 자원이 얼마나 귀중한 자산인지를 깨닫게 해 주고, 이를 활용한 성공 사례를 공유함으로써 청년들에게 영감을 주는 역할을 해야 합니다. 이 과정에서 청년들은 자신의 지역에 대한 애착과 자부심을 느낄 수 있습니다.

셋째, 청년들이 글로벌 시장에 진출하기 위한 필요한 역량을 키울 수 있도록 지원해야 합니다. 다양한 교육 기회나 워크숍을 소개하고, 직접 참여할 수 있도록 이끌어줘야 합니다. 함께 공부하고, 새로운 기술이나 지식을 배우는 과정은 두 세대 간의 유대감을 더욱 깊게 해 줍니다. 또한, 글로벌 시장에 대한 이해도를 높이고, 이를 통해 청년들이 자신감을 가질 수 있도록 도와주는 것이 중요합니다.

넷째, 청년들이 실패를 두려워하지 않도록 지지하는 것이 중요합니다. 실패는 성공을 향해 나아가는 과정 중 하나임을 이해하게 하고, 다시 일어설 수 있는 힘을 주는 멘토가 되어 줘야 합니다. 그들이 겪는 어려움을 함께 나누고, 극복할 수 있도록 이끌어 주는 것은 청년들에게 큰 용기를 줍니다. 기성세대가 청년들에게 힘을 주는 순간, 그들은 다시 한번 도전할 수 있는 용기를 찾게 될 것입니다.

이와 같이, 기성세대와 청년이 함께 나아가는 이 여정은 지역 사회의 발전과 글로벌 시장에서의 성공을 위한 중요한 발판이 될 것입니다. 서로가 서로에게 힘이 되어 주고, 함께 성장하는 과정에서 청년들은 희망을 품고, 기성세대는 멘토로서의 자긍심을 다시 한번 느끼게 될 것입니다. 이 모든 과정이 모여 지역 사회가 더욱 풍요롭고, 미래가 밝은 방향으로 나아갈 수 있도록 하는 힘이 될 것입니다.

세대 간의 이해와 협력이 절대적으로 필요한 시대에는 여러 국내외 사례들이 존재합니다. 이런 사례들은 서로 다른 가치관과 경험이 충돌하는 가운데, 어떻게 협력과 소통을 통해 공동의 과제를 해결하고 더 나은 미래를 만들어 나갈 수 있는지를 보여 줍니다.

한국의 경우에는, '청년 기업가정신 프로젝트'를 들 수 있습니다. 이 프로젝트는 기성세대의 기업 경험과 노하우를 청년 창업자들에게 전수하는 프로그램으로, 멘토링과 네트워킹을 통해 청년들이 자신의 비즈니스를 성공적으로 운영할 수 있도록 돕습니다. 기성세대는 자신이 쌓아온 경영 지식과 경험을 공유하고, 청년들은 새로운 아이디어와 혁신적인 접근 방식을 제시하며 서로의 강점을 살리고 있습니다. 이 과정에서 세대 간의 대화가 이루어지고, 서로의 관점을 존중하는 문화를 형성해 나가고 있습니다.

해외의 경우, 핀란드의 '타이니 하우스' 프로젝트도 흥미로운 사례입니다. 이 프로젝트는 젊은 세대와 기성세대가 함께 작은 집을 짓고 생활하는 형태로 진행되었습니다. 이 과정에서 각 세대는 자신의 생활 방식과 가치관을 공유하며, 공동으로 필요한 공간을 조성했습니다. 젊은 사람들은 기성세대로부터 생활의 지혜와 경험을 배우고, 기성세대는 젊은 세대의 신선한 아이디어와 비전을 통해 새로운 삶의 방식을 경험하게 되었습니다. 서로 다른 세대가 함께 다양한 문제를 해결해 나가면서, 세대 간의 이해와 협력을 깊게 해 나갔습니다.

미국의 '세대 연합(Generations United)' 같은 조직이 있습니다. 이 단체는 다양한 프로그램을 통해 세대 간의 다리를 놓는 역할을 합니다. 예를 들어, 청년들과 기성세대가 함께 지역 사회의 문제를 해결하기 위한 프로젝트를 진행하거나, 서로의 경험과 이야기를 나누는 자리를 마련해 줍니다. 이런 활동들은 서로의 관점을 이해하고, 세대 간 협력의 중요성을 인식하게 하는 데 큰 기여를 하고 있습니다.

네덜란드의 '세대 간 도시 농업' 프로젝트도 주목할 만한 사례입니다. 이 프로젝트에서는 청년과 노인이 함께 도시 농장을 운영하며 서로의 경험을 나누고, 공동의 목표를 위해 협력합니다. 청년들은 최신 농업 기술과 아이디어를 활용하고, 기성세대는 전통적인 농업 기술과 지혜를 공유함으로써 서로의 가치를 존중하고 있습니다. 이 과정에서 그들은 지속 가능한 농업과 공동체의 중요성을 배우며, 지역 사회를 더욱 풍요롭게 만드는 데 기여하고 있습니다.

이러한 사례들은 글로벌 시장을 염두에 두고 지역 자원을 최대한 활용하여 서로 다른 세대가 어떻게 소통하고 협력하며 공동의 과제를 해결할 수 있는지를 보여 줍니다.

(5) 청년과 함께 만들어 가는 미래

지역 청년과 기성세대가 함께 만들어 가는 미래는 우리 사회의 희망이자 원동력입니다. 기성세대가 청년들에게 멘토로서 해 주어야 할 일들은 그들의 꿈을 북돋고, 가능성을 펼칠 수 있도록 도와주는 중요한 역할을 합니다. 여기서 기성세대가 청년들에게 제공할 수 있는 몇 가지 중요한 지원 방안을 성공 사례별로 살펴보고자 합니다.

한때 안정된 대기업에서 평범한 사원으로 일하던 창원의 청년, 그는 지속적인 혁신과 변화의 필요성을 절실히 느끼며, 더 나은 미래를 꿈꾸게 됩니다. 결국, 그는 용감하게 대기업을 박차고 나와 한국오픈솔루션을 창립하게 되었습니다.

이상부 대표는 제조업의 디지털 전환이 불가피하다는 확신을 가지고, 스마트 팩토리와 AIoT 분야에서의 혁신적 아이디어를 실현하기 위해 헌신했습니다. 그는 지역의 중소기업들과 협력하여 고유의 자동화 솔루션을 개발하고, 예측 유지보수 시스템을 도입하여 생산성을 극대화하는 데 성공했습니다. 그의 열정과 노력은 단순히 기술을 넘어서, 지역 경제와 청년들에게 새로운 희망을 안겨 주었습니다.

이제 한국오픈솔루션은 창원에서 스마트 팩토리와 AIoT의 강자로 자리 잡으며, 지역 청년들의 꿈과 열정이 실현되는 상징이 되었습니다다. 이상부 대표의 이야기는 지역 사회에 큰 영감을 주고 있으며, 그는 도전을 통해 이룬 성공으로 많은 이들에게 '꿈을 향해 나아가는 것이 얼마나 가치 있는 일인가'를 보여 주고 있습니다. 그의 여정은 단순한 사업의 성공을 넘어, 지역 사회의 혁신과 변화를 이끄는 불꽃이 되었습니다.

또 한 청년은 AI를 활용한 제조 혁신을 목표로 하는 스타트업을 운영하고 있었습니다. 하지만 그의 회사는 초기 투자와 경영 전략에 대한 조언이 부족하여 어려움을 겪고 있었습니다.

그 스타트업은 서울의 유명한 경영 컨설턴트와의 연결이 필요하다고 생각했지만, 어떻게 접근해야 할지 막막해했습니다. 저는 그에게 서울에서 경영 컨설턴트와의 미팅을 주선해 주기로 하였습니다. 첫 만남은 긴장된 분위기 속에서 진행되었습니다. 청년은 자신의 비전과 사업 모델에 대해 열정적으로 설명했고, 경영 컨설턴트는 현실적인 제안과 피드백을 잔잔히 던졌습니다.

하지만 그날, 청년의 열정과 목표가 경영 컨설턴트에게 깊은 인상을 남겼습니다. 그는 그의 이야기에 귀 기울이며, 필요한 자금을 확보하고 사업 모델을 체계화하는 데 도움을 주겠다고 약속했습니다. 이후 청년은 경영 컨설턴트와의 협력을 통해 투자 유치에 성공하고, 사업의 방향성을 명확히 세우게 되었습니다.

이후 청년은 NCS(국가직무능력표준) 기반의 사내 교육 시스템을 완성하기 위한 프로젝트를 시작했습니다. 경영 컨설턴트의 조언을 바탕으로 그는 팀원들이 필요로 하는 기술과 지식을 명확히 파악하고, 다양한 교육 프로그램을 설계했습니다. 이 과정에서 그는 자신이 직접 강사로 나서 팀원들에게 교육을 실시하며, 팀의 화합과 경쟁력을 높였습니다.

마침내 이 청년의 회사는 이를 기반으로 성공적인 AI 솔루션을 개발하고 업계에서 주목받는 기업으로 자리 잡게 되었습니다. NCS 교육 시스템 덕분에 팀원들은 각자의 역할을 더 잘 수행하게 되었고, 이는 결국 기업의 성장을 가속화했습니다.

이 이야기는 기성세대와 청년 간의 동반자적 관계가 어떻게 서로에게 긍정적인 영향을 미칠 수 있는지를 보여 줍니다. 청년의 성공은 단순히 그 혼자의 힘이 아닌, 경영 컨설턴트와의 협력, 그리고 주변의 지지가 있었기에 가능했습니다. 그 청년과 기성세대 간의 성공적인 연결은 결국 지역 청년이 꿈꾸던 혁신을 실현하는 기적의 시작이 되었던 것입니다.

기성세대는 지역 청년들에게 단순한 조언자가 아닌, 그들의 여정을 함께하는 동반자가 되어야 합니다. 이들은 청년들이 마주하는 도전과 불안을 이해하고, 그들이 성공의 길로 나아갈 수 있도록 도와주는 역할을 해야 합니다.

경험과 지식을 나누며 청년들이 직면한 현실적인 문제를 해결하는 데 도움을 줘야 합니다. 문제 해결의 힌트가 되어 줄 수 있는 것은 자신의 과거 경험에서 얻은 지혜입니다. 그들의 이야기는 단순한 사례가 아니라, 청년들이 미지의 세계를 두려워하지 않고 자신감을 갖게 만드는 큰 힘이 됩니다. 이렇게 서로의 경험을 공유하는 과정은 기성세대로 하여금 자부심을 느끼게 하고, 청년들에게는 실질적인 도움이 됩니다.

기성세대는 청년들이 실패를 두려워하지 않도록 지지해 주어야 합니다. 실패는 성장의 중요한 일부분임을 인식하고, 그 과정에서 얻은 교훈이 얼마나 소중한지 알려 주는 것이 중요합니다. 청년들이 그 과정에서 느끼는 두려움을 이해하고, 그들이 다시 일어설 수 있도록 도와주는 멘토가 돼야 합니다. 이러한 지지는 청년들에게 용기를 주고, 기성세대에게는 그들의 성장을 지켜보는 기쁨을 선사합니다.

마지막으로, 기성세대는 청년들의 성장을 함께 축하해 주는 문화가 필요합니다. 작은 성과에도 진심으로 기뻐하고 응원해 주는 것이 중요합니다. 이를 통해 청년들은 자신의 목표를 이룰 수 있는 긍정적인 경험을 쌓고, 기성세대는 그들의 성장 과정에 함께 참여하며 자긍심을 느끼게 될 것입니다.

이스라엘과 핀란드는 스타트업 생태계가 활발하게 발전하고 있는 나라로, 이들 국가에서 청년과 기성세대 간의 협력과 멘토링 관계가 어떻게 형성되고 있는지 살펴보겠습니다.

이스라엘은 세계에서 가장 혁신적인 국가 중 하나로, 활발한 스타트업 생태계가 형성되어 있습니다. 이곳에서는 기성세대와 청년 간의 협력이 두드러지며, 많은 스타트업 인큐베이터와 액셀러레이터가 기성세대 전문가들의 멘토링 프로그램을 운영합니다. 이들은 자신의 경험을 바탕으로 스타트업이 직면할 문제를 예측하고 해결책을 제시하여 비즈니스 모델 개발에 실질적인 도움을 줍니다.

협업을 중시하는 문화가 뿌리내린 이스라엘에서는 기성세대가 청년 스타트업과 협력하여 혁신적인 솔루션을 개발합니다. 오래된 산업의 전문가가 최신 기술을 가진 청년들과 함께 작업함으로써 서로 다른 세대 간의 지식과 경험이 통합되어 새로운 가치를 창출합니다.

또한, 정기적으로 개최되는 스타트업 관련 네트워킹 행사에서는 청년 창업자들이 기성세대의 투자자 및 전문가와 직접 소통할 기회를 가지며, 기성세대는 자신의 네트워크를 활용해 청년들에게 필요한 자원과 기회를 제공합니다.

핀란드의 헬싱키에는 '슬러시(Slush)'라는 스타트업 행사와 커뮤니티가 있습니다. 이곳에서는 젊은 기업가들이 자신의 비즈니스 아이디어를 발표하고, 기성세대의 투자자와 전문가들이 피드백을 제공합니다. 하지만 이 행사에서는 기성세대가 젊은 창업자들에게 단순히 조언만 주는 것이 아닙니다.

젊은 창업자들은 최신 기술 트렌드와 소비자 행동에 대한 깊은 통찰을 제공하며, 기성세대는 그들을 통해 새로운 시각을 얻고 있습니다. 이러한 상호작용은 단순한 멘토링의 경계를 넘어, 세대 간의 지식 교류와 혁신을 촉진하는 플랫폼으로 기능하고 있습니다.

핀란드는 스타트업 생태계에서 협력과 열린 소통을 강조하는 모델을 가지고 있습니다. 기성세대는 자신의 전문 지식을 청년들에게 공유하며, 핀란드의 많은 스타트업은 기성세대 전문가와 함께 프로젝트를 진행하여 문제 해결을 위한 창의적인 접근 방식을 얻습니다.

다양한 정부 기관과 비영리 단체들이 스타트업 생태계를 지원하며, 'StartUp Finland' 프로젝트와 같은 프로그램을 통해 청년 창업자들에게 기성세대의 멘토링과 경험 공유 플랫폼을 제공합니다.

또한, 핀란드의 스타트업은 지역 사회와 밀접하게 연결되어 있으며, 기성세대는 청년 스타트업과 협력하여 지역 개발과 사회적 문제 해결을 위한 공동 프로젝트를 추진합니다. 이스라엘과 마찬가지로 핀란드에서도 기성세대와 청년 간의 협력이 스타트업 생태계 성장에 중요한 역할을 하며, 양 세대의 연대가 혁신을 이끌어 내고 있습니다. 이러한 사례들은 지역 사회에서도 적용 가능한 귀중한 교훈을 제공합니다.

이스라엘과 핀란드 외에도 많은 국가들이 스타트업 생태계를 발전시키기 위해 청년과 기성세대 간의 협력을 적극적으로 도모하고 있습니다. 여기 몇 가지 좋은 사례를 소개하겠습니다.

스웨덴은 지속 가능한 스타트업 생태계로 잘 알려져 있으며, 기성세대와 청년 창업자 간의 협력이 두드러집니다.

대기업들은 청년 스타트업과 파트너십을 맺고, 기성세대의 경험과 자원을 활용하여 혁신적인 아이디어를 사업화하도록 지원합니다. 이러한 협력은 기성세대에게도 새로운 아이디어를 접할 기회를 동시에 제공합니다.

또한, 다양한 멘토링 네트워크가 있어 전문가들이 청년 창업자에게 비즈니스 모델 개발, 자금 조달, 마케팅 전략 등에서 조언을 제공하며, 실질적인 문제 해결에 큰 도움이 되고 있습니다.

독일은 전통 산업과 혁신 스타트업의 조화가 잘 이루어진 나라입니다. 기성세대와 청년 간의 협력은 다음과 같은 방식으로 진행됩니다.

독일의 많은 대학들은 산업 파트너와 협력하여 스타트업을 지원하는 프로그램을 운영하고 있습니다. 기성세대의 전문가들이 학생들에게 멘토링을 제공하며, 실제 산업에서의 경험을 나누고 있습니다. 이러한 프로그램은 청년들이 이론을 넘어 실질적인 경험을 쌓을 수 있도록 도와줍니다.

독일의 베를린, 뮌헨 등의 도시는 스타트업 허브로 알려져 있습니다. 이곳에서는 기성세대와 청년 창업자들이 함께 모여 아이디어를 교환하고, 협력할 수 있는 공간이 마련되어 있습니다. 이러한 커뮤니티는 창의성과 혁신을 증진시키는 데 큰 기여를 하고 있습니다.

싱가포르는 아시아의 스타트업 허브로 주목받고 있으며, 기성세대와 청년 간의 협력이 활성화되고 있습니다.

싱가포르 정부는 스타트업 개발을 위해 다양한 지원 프로그램을 운영하고 있습니다. 기성세대의 기업가 정신과 청년들의 혁신적인 아이디어를 결합할 수 있는 플랫폼을 제공하여, 스타트업 생태계를 강화하고 있습니다.

싱가포르의 많은 기업들은 청년들에게 기성세대와 함께 일할 기회를 제공하는 인턴십 프로그램을 운영하고 있습니다. 이를 통해 청년들은 기성세대의 경험을 배울 수 있고, 기성세대는 청년들의 창의적인 아이디어에서 새로운 인사이트를 얻을 수 있습니다.

캐나다는 포용성과 다양성을 중시하며, 스타트업 생태계에서도 이를 반영하고 있습니다.

스타트업 생태계는 다양한 배경을 가진 사람을 포용합니다. 기성세대는 청년 창업자들에게 자신의 네트워크를 활용하여 멘토링 및 자금 지원을 제공하며, 다양한 아이디어가 제안될 수 있도록 돕습니다.

캐나다의 여러 지역 사회에서는 기성세대가 청년들에게 자신의 전문 지식을 나누는 프로그램이 운영되고 있습니다. 이를 통해 청년들은 다양한 분야에서의 경험을 쌓고, 기성세대는 이를 통해 새로운 트렌드와 아이디어를 접할 수 있습니다.

이와 같이 기성세대가 청년들에게 제공할 수 있는 지원은 단순한 조언이나 정보 전달을 넘어서, 그들의 꿈과 가능성을 실현할 수 있는 진정한 파트너가 되는 것입니다.

서로의 경험과 가치를 공유하며 협력하는 과정은 우리 지역 사회의 미래를 밝히는 소중한 밑거름이 될 것입니다. 이러한 관계가 형성될 때, 청년들은 희망을 느끼고, 기성세대는 자긍심을 느끼며 함께 나아가는 모습을 만들어 갈 수 있습니다.

기성세대는 청년들이 사회의 일원으로서 책임감을 느낄 수 있도록 도와야 합니다. 지역 문제나 공동체의 필요에 대해 논의하고, 함께 해결책을 모색하는 과정에서 청년들의 의견을 존중하며 참여를 유도합니다. 그들이 문제 해결의 일원이 되어가는 경험은 그들에게 큰 자부심을 부여하고, 지역 사회에 대한 애정과 책임감을 키워 줄 것입니다. 기성세대가 이러한 활동에 함께 참여하여 청년들과 연대하는 모습을 보인다면, 청년들은 더욱 적극적으로 지역 사회에 기여하고자 하는 의지를 가질 것입니다.

마지막으로, 기성세대는 청년들이 이룬 작은 성과를 꾸준히 축하하고 응원해야 합니다. 그들의 노력과 진전을 인정해 주는 것은 청년들에게 큰 힘이 됩니다. "고생했어, 네가 해낸 것에 자부심을 가져!"라는 한마디가 청년들에게는 큰 격려가 될 수 있습니다. 기성세대의 따뜻한 응원은 청년들에게 희망과 용기를 주며, 그들이 세상을 향해 나아갈 수 있도록 이끌어 줍니다.

이처럼 다양한 나라에서 기성세대와 청년이 함께 만들어 가는 미래는 스타트업 생태계의 발전에 중요한 역할을 하고 있습니다.

(6) 지역 자원 분석 및 활용 방안 모색

헬레나 노르베리 호지(Helena Norberg-Hodge)는 비영리단체인 '로컬의 미래(Local Future)'의 창립자로, 지역 중심의 경제와 문화의 중요성을 강조하고 있습니다.

특히 글로벌화의 문제점으로 대규모 기업과 글로벌 시장이 지역 자원을 착취하고, 지역 경제를 파괴하며, 전통적인 생활 방식을 소멸시키고 있다는 점을 지적합니다. 따라서 로컬 경제의 중요성으로 지역 경제의 회복이 필요하다고 강조합니다.

지속 가능한 발전을 위해서는 지역의 생태적 자원과 문화적 전통을 존중해야 한다고 주장합니다. 이는 필자가 말하는 뉴로컬리즘으로 승부하는 길과 이어져 있습니다. 결국, 지역 중심의 접근 방식을 통해 지속 가능한 발전을 이루고, 글로벌화의 부정적인 영향을 극복하기 위한 방법을 찾는 것입니다.

이를 통해 지역 주민들이 자부심을 느끼고, 지속 가능한 환경을 조성할 수 있도록 하는 것이 주된 목표이자 성공하는 지름길입니다.

헬레나와 같이 우리 모두 꿈을 가지고 살아갑시다. 각자의 꿈은 다르지만, 그 꿈을 이루기 위해서는 서로의 힘이 필요합니다. 로컬 지역의 청년들과의 경험을 통해, 우리는 함께 나아가는 것이 얼마나 중요한지를 깨달았습니다. 이 책은 그러한 여정을 담고 있으며, 희망과 가능성이 여러분의 마음속에 간직되길 바랍니다.

지역 자원 분석 및 활용은 단순한 작업이 아니라, 지역 사회에 대한 깊은 이해와 사랑을 바탕으로 한 진정한 혁신의 시작입니다. 이제 지역 청년으로서, 여러분 지역의 자원 활용과 관련하여 해야 할 일들과 그 과정에서 가다듬어야 할 정신 자세를 함께 나누고자 합니다.

먼저, 눈을 지역으로 돌려 보십시오. 그곳에는 우리가 미처 알지 못했던 소중한 자원들이 숨겨져 있습니다. 지역의 역사, 문화, 인적 자원, 그리고 자연환경을 탐구하고, 그것들이 어떻게 연결되어 있는지 이해하십시오. 이 과정은 단순한 분석을 넘어, 당신이 자랑스러워할 수 있는 지역의 정체성을 발견하는 여정입니다.

이제 지역 자원에 대한 이해를 바탕으로, 그 자원들을 어떻게 활용할 수 있을지 고민해 보십시오. 지역의 특성과 필요를 파악하여, 그에 맞는 프로젝트나 활동을 기획해 보십시오. 예를 들어, 지역의 농산물을 활용한 먹거리 축제나, 전통문화를 체험할 수 있는 프로그램을 제안할 수 있습니다. 이렇게 지역 자원을 활용한 창의적인 아이디어는 지역 주민들에게 새로운 경험을 선사할 뿐만 아니라, 지역에 대한 사랑과 자긍심을 한층 더 키워 줄 것입니다.

그리고 기억하시기 바랍니다. 지역의 변화는 단지 혼자의 힘으로 이루어지지 않습니다. 지역 커뮤니티와의 소통과 협력이 필수적입니다. 지역 주민들과의 관계를 구축하고, 그들의 목소리를 듣는 것은 그 프로젝트를 더욱 풍부하고 의미 있게 만들 것입니다. 함께 협력하여 지역 사회의 문제를 해결하고, 서로의 아이디어에 귀 기울이는 과정은 많은 힘과 영감을 줄 것입니다.

핀란드의 '루오마' 이니셔티브

핀란드의 루오마는 지역 자원의 효과적인 분석과 활용을 통해 인구 증가와 문화적 부흥을 이끌어 냈습니다. 루오마의 인구는 2015년 약 7,500명에서 2022년에는 약 8,500명으로 증가하여, 7년 동안 약 1,000명이 증가했습니다. 이는 약 13.3%에 해당하는 증가율입니다.

이러한 인구 증가는 주로 외부 인구 유입과 가족 단위 이주에 의해 이루어졌으며, 지역 내 교육 및 생활 환경 개선에 대한 긍정적인 평가가 바탕이 되었습니다. 이는 지역 내 농업, 관광 및 서비스업의 활성화에 기여하여 외부 인구 유입을 촉진하고, 문화 행사와 축제를 통해 주민들의 결속력을 높이며 자긍심을 증대시켰습니다. 관광 산업 역시 활성화되었으며, 연간 관광객 수가 2018년 20,000명에서 2022년 35,000명으로 증가하였습니다. 이는 약 75%의 증가를 나타내며, 관광 관련 산업의 수익도 함께 증가하였습니다.

또한, 친환경 농업과 재생 가능한 에너지 프로젝트를 통해 지속 가능한 발전 모델을 구축하여 경제적 이익과 환경 보호를 동시에 달성하는 성과를 올렸습니다. 이러한 통합적인 접근은 루오마가 지역 사회의 지속 가능한 발전을 이룩하는 데 중요한 역할을 했으며, 타 지역에서도 벤치마킹할 수 있는 모범 사례로 자리 잡고 있습니다.

청년들은 지역의 자연 자원과 농업 자원을 활용하여 친환경 농업과 지속 가능한 관광을 결합한 프로그램을 운영합니다. 지역 농부들과 협력하여 유기농 제품을 개발하고, 이를 지역 농장 투어와 연계하여 방문객들에게 체험할 기회를 제공합니다.

이러한 프로젝트는 지역 경제를 활성화할 뿐만 아니라, 지역 주민과 청년들 간의 협력을 통해 지속 가능한 발전 모델을 제시하였습니다. 이들은 지역 자원을 활용하여 환경 보호와 경제적 이익을 동시에 실현하고 있습니다.

미국의 '레드후드' 이니셔티브

미국 브루클린의 레드후드 지역은 청년들이 지역 사회의 회복과 발전을 위해 창의적인 자원 활용을 통해 변화를 이끌어 내고 있습니다.

레드후드의 청년들은 abandoned space(버려진 공간)를 활용하여 커뮤니티 가든, 아트 스튜디오, 그리고 소규모 비즈니스 공간을 만드는 프로젝트를 진행하고 있습니다. 이들은 지역 예술가, 농부, 그리고 주민들과 협력하여 다양한 워크숍과 전시회를 개최하며, 지역 사회로서의 정체성을 강화하고 있습니다.

레드후드는 2000년 인구가 약 10,000명이었던 것에 비해, 2020년에는 약 13,500명으로 증가하여, 20년 동안 약 3,500명이 늘어난 결과를 보였습니다. 이로써 인구 증가율은 약 35%에 달하게 되었습니다.

이 인구 증가는 지역 내 주거 환경 개선 및 다양한 커뮤니티 프로그램의 성공적 운영 덕분에 이루어진 것으로, 특히 젊은 가족과 개인들이 이주하면서 인구 구조가 다양화되었습니다.

이 프로젝트는 지역 주민들에게 자원 재활용의 중요성을 알리고, 지역 공동체의 자발적인 참여를 유도했습니다. 또한, 청년들은 지역 사회의 리더로서 자신들의 역할을 인식하게 되었고, 자긍심을 고취시키는 결과를 가져왔습니다.

레드후드는 지역 자원을 활용하여 소매업과 서비스업의 활성화를 이루었습니다. 2015년부터 2022년까지, 지역 내 소매업체 수가 약 40% 증가하여, 매출 또한 25% 상승했습니다.

특히, 지역 내 스타트업과 중소기업의 지원을 통해 고용 창출이 이루어졌으며, 2016년 대비 지역 일자리 수는 약 30% 증가하여, 현재 약

2,500개의 일자리가 창출되었습니다.

지역 주민들의 평균 소득도 증가하였으며, 이는 2015년 약 50,000달러에서 2022년에는 약 65,000달러로 상승하여, 약 30%의 소득 증가율을 보였습니다.

레드후드는 지역 자원 분석과 활용을 통해 인구 증가와 경제 활성화에 성공하며, 지역 사회의 지속 가능한 발전을 이루어 낸 좋은 사례로 평가받고 있습니다.

이와 같은 사례들은 지역 청년들이 자원 분석 및 활용을 통해 어떻게 긍정적인 변화를 이끌어 낼 수 있는지를 보여 줍니다. 각 지역의 특성과 자원을 고려한 창의적인 접근은 청년들이 주체적으로 지역 사회에 기여할 수 있는 방법임을 잘 드러냅니다. 이러한 사례들을 참고하여 지역 청년들이 스스로의 가능성을 발견하고, 지역 사회에 긍정적인 영향을 미칠 수 있는 벤치마킹 과제를 완수하기를 바랍니다.

"뉴로컬리즘으로 승부하라"는 단순한 슬로건이 아닙니다. 그것은 지역 청년들이 스스로의 힘으로 지역 자원을 분석하고 활용하여 지역을 살리고 자신의 꿈을 실현할 방안을 만들어 가는 여정입니다.

(7) AI 리부팅 코리아

① 한국 AI의 진단과 위기

구글의 전 CEO 에릭 슈미트는 "인공지능의 등장을 지난 500년, 혹은 1,000년 인류 역사 전체를 통틀어 가장 중요한 사건"으로 평가했습니다.

그만큼 4차 산업혁명의 여러 분야 중에서도 AI가 그만큼 비중이 크고, 시간이 갈수록 산업·경제·사회·문화 등 다방면에서 막대한 영향력과 파급력을 갖게 됨을 의미합니다.

에릭 슈미트는 또 "한국과 일본은 AI 분야에서 글로벌 경쟁력이 없다"라고 단언하기도 했습니다.

이러한 발언은 한국이 글로벌 AI 생태계에서 어떻게든 경쟁력을 회복해야 하는 시급한 상황임을 반증하고 있습니다.

지금 우리는 국가적 차원에서 AI와 기술 혁신을 위한 체계적인 접근이 필요합니다.

현재 대한민국의 AI 레벨을 신속하게 진단, 점검하고 이를 기반으로 체계적인 AI 레벨업 로드맵의 실행이 절실합니다.

이러한 레벨업을 통해 글로벌 AI 생태계에서 한국만의 특성화된 경쟁력을 이용하여 글로벌 AI 밸류체인에 일익을 담당하는 파트너가 돼야 할 것입니다.

최근 에릭슨에서는 통신기업의 완전자율운영 전환 레벨을 5단계로 나누고 이를 실현하기 위해 필요한 분석방법론과 추진방법에 대한 상세한 내용을 제시하였습니다.

이는 각 산업군의 필요와 맞물린 AI 솔루션을 개발하고, 지역 사회의 요구를 반영하는 AI 기술을 개발해 산업의 부가가치를 극대화하고 실생활의 편익을 효율적으로 구현할 수 있다는 방향성을 제시한 것입니다.

대만의 젠슨 황이 한국 시장을 스킵하는 이유는 한국의 AI 생태계가 충분한 매력을 갖추지 못했기 때문입니다.
그 결과, 우리는 글로벌 AI 기업의 외면과 우수한 국내 AI 인재를 해외로 유출시키는 최악의 상황에 직면해 있습니다.
AI 분야에서의 중국에 대한 뒤처짐은 혁신의 부재뿐만 아니라, 정부와 산업계의 협력이 부족한 결과입니다.

이러한 상황에서 한국은 어떻게 해야 할까요?

통계 자료에 의하면 한국은 AI 전문 인력의 유출이 심각한 국가 5위에 속해 있습니다.
"세계 상위 AI 전문가 500인 중, 미국은 161명, 중국은 45명, 한국은 고작 5명뿐"이라는 데이터는 우리에게 심각한 위기의 경종을 울리고 있습니다.

국내 AI 분야의 최고 연구진들이 구글, 오픈AI, 앤스로픽 등 글로벌 빅테크로 이동하는 '브레인 드레인'현상이 심화되어 우수 인력과 기술이 해외로 유출되고 있습니다. 이로 인해 국내 AI 생태계가 공동화 위기에 직면하고 있습니다.

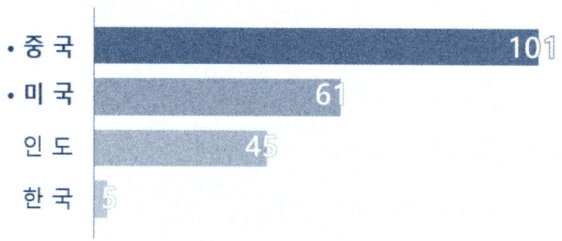

글로벌 상위 AI 전문 인재 국가별 분포
출처: 스텐퍼드대 연구소

② AI 정책의 통합적 관리

현재 한국 정부는 AI 및 기술 혁신을 촉진하기 위해 다양한 정책을 추진하고 있지만, 실제 성과는 기대에 미치지 못하고 있습니다. 한국은 AI와 기술 혁신을 위한 통합적이고 체계적인 국가 전략을 수립해야 합니다.

현재는 과학기술정보통신부, 중소벤처기업부, 산업통상자원부를 비롯해 NIA, NIPA, KISA 등 산하 기관과 각 지역의 테크노파크, 창업진흥원, 창조경제혁신센터 등 다양한 조직들이 각기 다른 방향으로 개별 사업을 추진하고 있어, 재원의 낭비와 중복 투자가 지속되고 있는 실정입니다.

이제 더는 지체할 시간이 없고 AI는 선택이 아니라 생존 전략이어야 하기에 국가 차원의 AI 및 이와 결합된 산업기술 혁신의 아젠다를 수립하고 중장기 실행 로드맵을 정교하게 설계해야 합니다.

이를 추진할 중추적인 컨트롤타워를 두고 각 기관의 특성과 특색에 맞춰 역할 분담을 관장하고 조율, 집행하게 해야 합니다.

절체절명의 기로에 서 있는 대한민국이 다시 일어서기 위해서는 AI 리부팅 코리아가 반드시 이뤄져야 할 것입니다.

③ AI 생태계 구축의 전략과 실행 - 버티컬 AI와 소버린 AI

서두에서 진단한 한국 경제의 핵심인 제조업의 위기를 극복하고 글로벌 경쟁력을 유지하기 위해서는 한국형 AI 모델을 만들고 이를 오픈 소스로 공개해서 저비용으로 각 기업들이 산업에 특화된 버티컬 AI를 개발해야 합니다.

제조 강국으로서 한국이 갖고 있는 경쟁력 있는 산업별 빅데이터를 활용하여 특화된 버티컬 AI를 만들고 이를 산업 현장에 적용하여 제조업의 혁신을 이루는 것이 무엇보다 중요합니다.

이를 위해 우리 언어와 데이터로 학습된 자체적인 AI 모델을 만들어야 하고 정부가 주도적으로 예산 지원을 해서 거대 AI 데이터센터를 구축하고 민간 분야에서는 이를 활용하여 다양하고 풍성한 AI 생태계를 만들어 가는 것이 AI 소비국으로 전락하지 않고 AI 생산국으로 발돋움하는 길일 것입니다.

다시 한번 강조하자면 정부는 신속하고 강력한 예산 집행으로 AI 분야의 교육, 인재 확보 같은 소프트와 국가 AI 컴퓨팅 센터 건립 등의 하드를 망라하는 AI 인프라를 시급하게 확충하고 산학연은 비용 부담에서 벗어나 자유롭게 이용할 수 있어야 합니다.
이를 통해 다양하고 창의적인 AI 서비스 모델을 개발하여 국가 발전에 원동력이 되어야 할 것입니다.

이것이 바로 소버린 AI(sovereign AI), 자주적인 AI라 칭할 수 있겠습니다.

AI를 한국의 미래 먹거리인 제조, 바이오, 의료, 반도체 등의 전략산업에 활용하기 위해서는 글로벌 빅테크의 AI에 종속되지 않아야 합니다.
특히나 보안이 중요한 국방, 의료, 공공 분야에 AI를 적용, 운용하기 위해서는 반드시 독자적인 AI 모델이 구축되어야 합니다.

④ 디지털 주권과 글로벌 스탠더드

3차 산업혁명, 인터넷 혁명 시기에도 우리나라는 세계를 선도하는 IT 통신 강국이었지만 자체적인 OS도 성공적으로 만들지 못하고 핵심적인 소프트는 해외 빅테크 기업에 의존해 왔습니다.

물론 이 시기에도 우리나라는 나름 여러 분야에서 디지털 주권을 지켜 낸 몇 안 되는 국가 중의 하나입니다.

대표적으로 왓츠앱이나 페북 메신저에 맞서 카톡, 라인과 같은 토종 메신저가 있었고 검색시장에서는 구글에 맞서 네이버가 있었습니다.

또 문서 프로그램에는 MS워드가 전 세계를 장악했지만 한국만큼은 HWP가 버티고 있었습니다.

이와 같이 국운을 가를 4차 산업혁명 시대에도 대한민국의 저력을 살려 AI 분야에서도 독자적인 영토와 생태계를 확보해야 할 것입니다.

독자성과 자립이 곧 고립으로 이어지지 않도록, 국가와 민간 부문은 미국과 EU 등과의 국제 공동 연구 프로젝트에 적극 참여해야 합니다. 아울러 AI 윤리 기준 제정과 글로벌 표준화 논의에도 주도적으로 관여해 나가야 합니다.

더불어, 우리가 개발한 AI 서비스가 글로벌 빅테크의 AI 플랫폼과도 원활히 연계될 수 있도록 높은 호환성과 개방성을 갖추는 것이 무엇보다 중요합니다.

한국에서는 HWP가 표준이지만 해외에서는 MS워드가 표준이듯이 한국형 AI가 HWP처럼 한국에서만 통용되는 AI가 되어서는 안 될 것입니다.

한국형 AI 파운데이션 모델의 개발과 고도화 및 이를 바탕으로 다양한 AI 에이전트 서비스를 개발하여 풍성한 AI 산업 생태계를 조성하고 공공 분야에도 적용하는 것이 다시 뛰는 대한민국의 시발점이 될 것입니다.

⑤ 추격자에서 선도자로!

그간 '한강의 기적'이라 불리며 한국 경제의 성장을 이끌었던 추격자 모델(fast follower)은 이제 한계에 다다랐습니다.
이 모델은 경제개발 계획 아래 경공업을 시작으로 중화학공업, 금속, 철강, 자동차, 전자 산업 등으로 단계적으로 산업을 확장하고, 수출 주도형 성장 경제를 정착시키는 데 초점을 맞추었습니다.

이를 통해 선진국의 기술을 도입하고 산업 경쟁력을 키운 결과, 한국은 중진국에서 선진국으로 도약할 수 있었습니다.
이러한 추격자 모델을 통한 성장은 끝났고 우리 경제는 저성장 성숙기에 접어들어 자칫하면 바로 퇴행기로 이어질 수 있는 상황에 처해 있습니다.

저출생 초고령 사회로의 빠른 전환과 대외 무역 환경의 변화, 제조산업 경쟁력 약화 등 복합적인 악재에 맞서 이겨 내기 위해서는 우리만의 고유 기술을 만드는 선도형 경제 모델로의 전환을 해야 하겠습니다.

⑥ 한국 창업 생태계의 복원과 진화

이를 위해 기초과학, AI 분야의 대대적인 투자가 필요하고 스타트업과 벤처기업의 혁신을 저해하는 각종 규제의 신속한 철폐와 강력한 산업기술보호법의 제정이 필요할 것입니다.

또한 생성형 AI, 의료 AI, 국방 AI 등 실증(PoC: Proof of Concept)이 시급한 분야에 대해서는 규제 샌드박스의 문턱을 대폭 낮추고, 패스트 트랙으로 신속한 실증 테스트가 가능한 환경을 조성해야 합니다.

AI는 이제 범용 기술로서 거의 모든 산업과의 융합이 가능하지만, 특히 한국이 강점을 가진 분야에 전략적으로 집중 투자하는 것이 중요합니다. 국방과 방위산업, 헬스케어·의료, 바이오, 스마트카, 조선·해양 등 기존의 핵심 산업에 AI를 적용함으로써 미래의 성장 동력을 확보하고, 동시에 공공복지 향상과 국가 안보 강화에도 기여할 수 있어야 합니다.

이를 위해 R&D 예산을 확대하고 집행을 신속화하는 한편, R&D 관런 세액공제 확대와 해외 우수 인재 유치를 위한 적극적인 지원도 필요합니다.

혁신은 결코 안정적이고 안전한 환경에서 탄생하지 않습니다. 불확실한 도전의 길에서 위험을 감수하는 스타트업과 벤처기업들이 실제적인 지원을 받을 수 있도록 해야 하며, 실패에 대해서도 '절반의 성공', '미완의 성공'으로 인정하는 포용적 사회 분위기를 조성하는 것이 중요합니다.

이러한 기반 위에서 자유롭고 창의적인 창업 생태계를 조성하는 것이야말로 지속 가능한 혁신의 출발점이 될 것입니다.

아울러 산·학·연 협력 체계는 글로벌 기업 및 국제 연구기관과의 연계를 더욱 강화해야 합니다. 이를 통해 최신 기술과 정보를 활발히 교류하고, 글로벌 경쟁력을 높이는 발판으로 삼아야 합니다.

또한 국내 기업들이 세계 시장에서 성공적으로 자리 잡을 수 있도록 해외 진출을 위한 체계적인 지원도 확대해 나가야 할 것입니다.

⑦ 데이터 사이언스의 중요성과 팔란티어

AI의 원료인 빅데이터 관리의 중요성을 감안해 정부 주도하에 공공데이터 및 산업 분야의 특화 데이터를 수집하고 관리하는 일원화된 통합 관리가 이뤄져야 할 것입니다.

정부의 중립적인 데이터뱅크의 운영과 개방은 산학연이 필요한 데이터에 자유로이 접근하여 AI 모델을 학습·개발하고 다양한 AI 서비스를 구현하는 데 크게 기여할 것입니다.

또한 데이터 분석 기술의 발전을 꾀해 국방, 의료, 보건, 산업안전, 재해 등의 분야에서 활용되어야 합니다.
이는 리스크매니지먼트를 선제적으로 하여 각종 재난으로부터 인명피해를 최소화시키고 국방 및 경제 안보를 굳건히 하는 데 이바지할 것입니다.

이러한 한국의 AI 데이터분석 분야의 발전을 위해 팔란티어의 사례를 유심히 살펴볼 필요가 있습니다.
팔란티어는 페이팔 창업자인 피터 틸이 설립한 빅데이터 전문분석 조사업체입니다.
빅데이터 분석에 AI를 사용하기에 AI 솔루션 기업이라 할 수 있고 미국 국방 안보에 중요한 일익을 담당하는 기업이기도 합니다.

피터 틸은 "미래를 예측하는 가장 좋은 방법은 그것을 만드는 것"이라는 말을 남기기도 하였습니다.
그의 말처럼, 팔란티어는 '온톨로지(ontology)'라는 개념을 데이터 분석에 적용했습니다. 이는 서로 다른 데이터들 사이의 관계를 구조화하고 통합하여, 이를 유기적으로 연결하고 정밀하게 분석함으로써 빠르게 최적의 결정을 내릴 수 있는 AI 솔루션을 만든 것입니다. 이러한 기술은 오사마 빈 라덴 제거 작전, 그리고 러시아-우크라이나 전쟁에서 우크라이나가 열세에도 불구하고 효과적으로 대응하는 데 큰 도움을 주었습니다.

팔란티어는 특정 분야에 국한되지 않고 국방, 안보 분야에 적용되는 정부용 '고담' 플랫폼과 '파운드리'와 같은 기업용 플랫폼, 클라우드 기반의 '아폴로'에 이르기까지 그 영역이 전 방위적으로 확대되고 있습니다.

이러한 성장에 힘입어 팔란티어의 시가총액(3000여억 달러)이 전통의 글로벌 방산업체인 록히드마틴의 시가총액(1000여억 달러)보다 3배가 넘어설 정도이고 향후 1조 달러에 달할 수도 있다는 전망이 나오기도 하였습니다.

이러한 팔란티어의 가파른 성장에는 "고객의 데이터를 가져가지 않는다"는 데이터 프라이버시의 원칙이 중요하게 작용되었습니다.
마치 TSMC가 '우리는 고객과 절대 경쟁하지 않습니다'라는 모토 아래 파운드리 분야에서 삼성이 넘을 수 없는 절대강자가 되었듯이 팔란티어도 당분간은 그러리라 예측됩니다.

팔란티어의 예시에서 보았듯이 우리도 데이터 사이언스 분야에 많은 관심을 갖고 중점적인 지원을 아끼지 말아야 할 것입니다.

⑧ AI 시대, 보안은 옵션이 아니라 필수!

AI 도입은 단순한 기술 혁신을 넘어, 우리 사회 전반의 효율성과 안전성을 높이는 핵심 수단이 되고 있습니다. 특히 투명성과 윤리를 중심으로 한 정책을 마련하고, 변화하는 환경에 유연하게 대응해야 합니다.

AI는 지역 제조업의 경쟁력을 강화하는 것은 물론, 범죄 예방, 재난 대응, 금융사기 탐지 등 다양한 분야에서 데이터 기반의 통찰력을 제공하며 조직의 운영 효율성과 보안 수준을 높이는 데 기여할 수 있습니다.

실제로 최근 발생한 SKT의 보안 사고는 한국의 사이버 보안 체계가 여전히 취약하다는 점을 여실히 드러냈습니다. 이러한 현실 속에서 AI는 이제 선택이 아닌, 보안 강화를 위한 필수적 도구로 자리매김해야 합니다.

AI는 방대한 데이터를 분석하고, 그 안에서 이상 징후나 패턴을 빠르게 인식함으로써 사이버 공격을 사전에 탐지하고 실시간으로 위협을 차단하는 데 큰 효과를 발휘할 수 있습니다. 예컨대, AI 기반 보안 솔루션은 네트워크 트래픽을 지속적으로 모니터링하면서 평소와 다른 비정상적 행동을 신속하게 포착하여 해커의 침입을 조기에 차단할 수 있습니다.

구글이 320억 달러(약 47조 5,000억)에 인수 계약한 위즈(Wiz)는 클라우드 보안 분야에서 강력한 AI 기술을 활용하여 보안 위협을 예측하고 관리하는 혁신적인 접근 방식을 보여 줍니다. 이는 클라우드 환경에서도 데이터 보호가 얼마나 중요한지를 잘 나타냅니다.

AI 기술을 통해 보안의 경계를 넘어서서, 위협을 사전에 예방하고 대응할 수 있는 시스템을 구축하는 것이 필수적입니다.

한국이 사이버 보안에서 경쟁력을 갖추기 위해서는 AI 도입을 통해 보안 체계를 강화하고, 새로운 기술을 지속적으로 발전시켜야 합니다. 이를 통해 기업과 개인의 데이터를 보다 안전하게 보호하고, 사이버 공격에 대한 저항력을 높일 수 있습니다.

결국, AI는 단순한 도구가 아니라, 우리의 보안 환경을 근본적으로 변화시킬 수 있는 혁신적인 솔루션이 될 것입니다. 이제는 AI 도입을 고려하는 것이 단순한 선택이 아니라, 생존을 위한 필수적 조치임을 인식해야 할 때입니다.

⑨ Local + AI = Global

이러한 대안을 실천함으로써 한국은 AI와 기술 혁신의 글로벌 경쟁에서 뒤처지지 않고, 새로운 기회를 창출할 수 있는 기반을 마련할 수 있습니다. 한국의 미래는 기술 혁신에 달려 있으며, 지금이 변화의 출발점입니다. 더 이상 방관자에 머물지 말고, 전략적으로 나아가는 주체가 되어야 합니다.

AI는 이제 단순한 기술이 아닌, 산업 전반에 걸쳐 혁신을 이끄는 핵심 요소로 자리 잡고 있습니다. 그러나 많은 한국의 로컬 지자체와 연구 기관들은 AI의 실질적인 필요와 그 적용 가능성을 제대로 이해하지 못하고 있습니다.

이에 따라 무턱대고 엔비디아와 같은 글로벌 기업의 AI 솔루션을 도입하여 AI 센터를 구축하는 방식은 실질적인 성과로 이어지기 어렵습니다. AI의 도입은 단순한 기술적 구현이 아니라, 각 산업군에 맞는 Industry knowledge(산업전문지식)를 바탕으로 한 전략적 접근이 필요합니다.

대한민국은 세계적으로 손꼽히는 산업별 빅데이터의 중심지로 자리 잡고 있기 때문에 산업용 Vertical(버티칼) AI를 특화시켜야 합니다.

예를 들어, 울산은 조선 산업, 창원은 기계 공업, 그리고 사천은 우주 항공 분야에서 각각 세계적 수준의 데이터를 생성하고 있습니다. 그러나 많은 기업들이 산업의 보안을 이유로 이러한 귀중한 데이터를 폐쇄적으로 다루고 있어, 데이터의 공유와 활용에 제약이 따르고 있습니다.

각 산업군의 특성을 반영한 AI 활용 모델을 연구하고 개발하여, 현업에 적용할 수 있는 구체적인 사례를 제시해야 합니다. 이를 통해 AI 기술이 실제로 어떻게 활용될 수 있는지를 보여 주고, 인식을 개선할 수 있습니다.

이러한 문제를 해결하기 위해서는 정부가 중립적인 입장에서 주도적으로 나서야 합니다. 이를 통해, 각 산업에서 생산되는 데이터를 보다 효율적으로 통합하고, 향후 결과물을 공유하는 시스템을 구축해야 합니다.

예를 들어, 데이터 공유 플랫폼을 마련하여 기업들이 자발적으로 데이터를 기여할 수 있는 환경을 조성하면, 다양한 산업 간 협업이 촉진되고 혁신적인 솔루션이 태어날 수 있을 것입니다.

즉, 데이터의 안전한 관리와 공유를 위한 최적의 방안 마련이 필요하며, 이를 통해 우리 산업 전반의 경쟁력을 더욱 강화할 수 있을 것입니다.

구글 전 CEO의 발언처럼, 한국은 현재 AI 글로벌 경쟁에서 뒤처져 있는 것이 사실입니다. 하지만 이 현실을 직시하고 전략을 새롭게 짜는 것이 중요합니다. 무작정 따라잡기보다는 우리가 잘하는 분야에 집중하고, 부족한 것은 협력으로 채우는 방향이 가장 현실적인 선택이 될 것입니다.

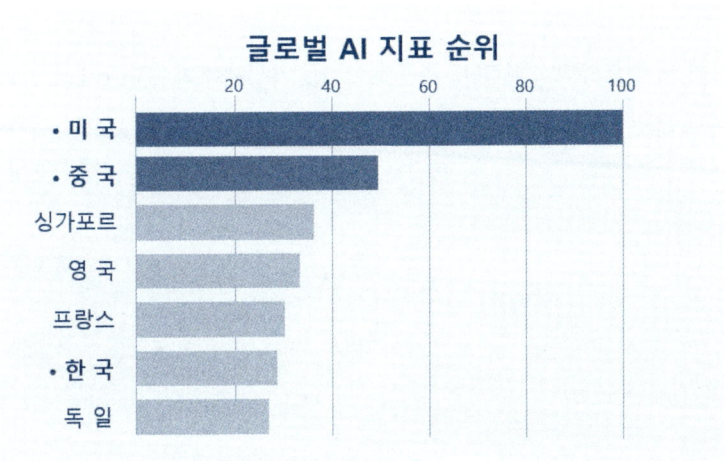

글로벌 AI 지표 순위
출처: 토터스미디어

동시에 인재 양성과 확보를 위한 교육 정책, 글로벌 빅테크와의 협업, 그리고 중장기적인 로드맵이 뒷받침되어야 한국형 AI의 진정한 발전이 이루어질 것입니다. 현재 우리는 AI 지표 순위는 6위로 발표된 바 있지만 100점인 미국에 비해 20점 남짓한 점수로 현격한 수준차를 보이고 있습니다. 허나 기회의 문은 아직 열려 있습니다. 지금 기성세대가 AI 혁신을 잘 선택하고 추진한다면, 청년들에게 양질의 일자리를 제공하고 AI 글로벌 경쟁에서 선두로 나아가는 기반이 될 것입니다.

"위기가 기회"라는 말이 있듯이 많은 국난 극복을 경험한, 위기에 강한 DNA를 갖고 있는 대한민국이 슬기롭게 위기를 헤쳐 나아가 희망찬 미래로 들어서리라 믿어 의심치 않습니다.

가장 중요하고 신속하게 추진해야 할, 기성세대의 To Do List, 마지막은 바로 "AI 리부팅 코리아"입니다.

나만의 To Do List 작성해 보기(기성세대)

1. 뉴로컬리즘으로 가는 정책 제안과 실행

설명: 지역 사회의 문제를 해결하기 위한 정책을 제안하고, 실행 가능한 계획을 세워 보세요.

_____
_____
_____

2. 소가 밭 갈던 시대에서 AI를 경험한 유일한 세대로서 해야 할 일

설명: AI 기술의 발전을 이해하고, 이를 활용하여 사회와 경제에 긍정적인 영향을 미칠 수 있는 방법을 고민해 보세요.

_____
_____
_____

3. 멘토십의 중요성, 경험과 지식의 전달

설명: 후배 세대에게 자신의 경험과 지식을 전달하는 멘토 역할을 할 수 있는 방법을 생각해 보세요.

_____
_____
_____

4. 글로벌 시장을 염두에 둔 지역 자원의 활용

설명: 지역의 자원을 효과적으로 활용하여 글로벌 시장에 진출할 수 있는 전략을 세워 보세요.

_____
_____
_____

5. 청년과 함께 만들어 가는 미래

설명: 청년 세대와 협력하여 더 나은 미래를 만들기 위한 아이디어를
  발굴해 보세요.

_____

_____

_____

6. 지역 자원 분석 및 활용 방안 모색

설명: 지역 자원의 강점과 약점을 분석하고, 이를 효과적으로 활용할
  수 있는 방안을 모색해 보세요.

_____

_____

_____

7. AI 리부팅 코리아

설명: AI 기술을 통해 대한민국의 발전을 이끌기 위한 구체적인 방안을 제안해 보세요.

_____

_____

_____

뉴로컬리즘으로 "서울을 넘어서, 새로운 글로벌 주자로"

우리는 이제까지 고향의 뿌리를 바탕으로 글로벌 무대에서의 도전과 기회를 탐색하며, 로컬 청년과 지방 소멸 문제를 새로운 시각으로 바라보았습니다. 이 책이 여러분에게 고향의 소중함과 그곳에서 아이디어를 발휘할 수 있는 용기를 주었기를 바랍니다. 서울이 더 이상 한국의 중심지로만 남지 않고, 우리가 세계로 뻗어나가기 위한 출발점이 되어야 한다는 것을 깨닫게 되었다면, 이는 우리의 도전이 시작된 것임에 틀림없습니다.

각자의 정체성을 잊지 않고, 서울을 넘어 세계적 경쟁력을 갖춘 인재로 성장하기 위해서는 끊임없는 노력과 동기부여가 필수적입니다. 우리가 '글로컬'이라는 개념을 이해하고 그 안에 몰입할 때, 우리의 지역 자원과 경험은 세계에서 인정받는 가치로 변화할 것입니다. 지역 경제의 활성화와 지속 가능한 발전은 단순한 목표가 아니라, 우리 모두가 함께 이루어 가야 할 과제입니다.

이제 우리는 기성세대와 청년들이 함께 만들어 가는 지역 사회의 모습을 새롭게 그려야 합니다. 경제적 가치뿐만 아니라, 정서적이고 사회적인 유대 역시 강화해야 합니다. 고향의 뿌리에서 시작된 우리의 이야기는 결국 미래를 향한 희망의 메시지로 이어질 것입니다.

청년들은 이제 지역 소멸의 위기 상황에 대한 책임을 느끼고, 자신의 재능과 열정을 통해 지역 사회에 기여할 방법을 모색하고 있습니다. 이 과정에서 서로의 목소리를 경청하고 이해하며 함께 성장하는 것이 얼마나 중요한지를 깨닫고 있습니다. 고향을 떠나 대도시에서 살아가는 이들은 그곳에서의 경험을 통해 고향에 대한 애정을 더욱 깊게 느끼고, 더 나은 미래를 만들기 위한 길을 찾아 돌아오고 있습니다.

결국, 우리의 미래는 결코 혼자 이루어지는 것이 아닙니다. 지역 사회의 모든 구성원들이 서로를 지지하고 응원하며 함께 성장할 수 있는 환경을 조성해야 합니다. 이를 통해 우리는 당면한 문제들을 해결하고 지속 가능한 발전적인 지역 경제를 구축할 수 있을 것입니다.

이번 여정을 통해 우리는 로컬의 힘을 확인했습니다. 우리에게 주어진 혁신의 시간이 그리 많지 않기에, 청년과 기성세대 모두가 정신을 가다듬고, 각자의 자리에서 변화를 만들어 가야 합니다. 각자의 경험을 통해 지역 사회를 발전시키고, 이를 통해 더 큰 도전으로 나아가는 길을 모색해야 합니다.

인도의 성공적인 기업가들이 보여 준 것처럼, 우리도 '3A 정신' 즉, 적응력(Adaptability), 행동력(Action-oriented), 절실함(Always Hungry)의 마인드를 가져야 합니다. 우리 지역 인재들이 더욱 적극적으로 나서고, 자신의 꿈을 실현하기 위해 끊임없이 도전해야 할 때입니다.

로컬의 뿌리가 강할수록, 그 뿌리에서 자란 꿈은 더 넓은 세상으로 뻗어 나갈 수 있습니다. 이제는 우리의 고향에서 시작한 꿈을 세계로 확장하며, 함께 성장하는 길을 찾아 나아갑시다. 로컬의 기반이 탄탄할수록 글로벌 비전은 더욱 확고하게 자리 잡을 것입니다.

그리하여 대한민국의 로컬이 아닌 빛나는, 세계의 로컬로 나아갑시다!

이 책을 집필하는 동안 로컬의 비전에 대한 귀중한 통찰을 주신 많은 분들께 깊은 감사를 전합니다. 특히 경남경총 이상연 회장님, 경남테크노파크 조유섭 본부장님, 창원산업진흥원 이동락 본부장님, 에이아이웍스 윤석원 대표, 휴스테이션 박경재 대표께서 저에게 큰 영감을 주셨습니다. 여러분의 경험과 지혜가 이 책에 담겨 있습니다.

이 책을 읽어 주신 모든 독자 여러분께 감사드립니다. 여러분의 고향에 대한 사랑과 책임감이 지역 사회의 발전에 기여하길 바랍니다. 함께 꿈꾸고 성장하며, 더 나은 미래를 만들어갈 수 있는 길을 찾아 나가길 희망합니다. 우리의 이야기는 이제 시작입니다. 함께 성장하며, 더 나은 미래로 나아갑시다.

마지막으로, 이 책에 담지 못한 내용으로, 로컬 청년들의 취업과 커리어 매지니먼트 방법과 글로벌 인재를 키우기 위한 학부모님들에게 드리는 제언 등을 미처 다 서술하지 못해 아쉬움이 남습니다. 다음에 이 주제들을 더욱 깊이 있게 다루어, 여러분과 함께 나누겠습니다.

변화는 항상 우리의 내면에서 시작됩니다.

여러분이 가진 꿈과 비전을 실현하기 위해 노력할 때, 지역 사회의 발전뿐만 아니라 더 큰 세계로 나아가는 길이 열릴 것입니다. 함께 힘을 모아, 우리의 꿈을 현실로 만들어 나갑시다.

뉴로컬리즘으로
승부하라

ⓒ 곽정섭, 2025

초판 1쇄 발행 2025년 9월 1일

지은이	곽정섭
펴낸이	이기봉
편집	좋은땅 편집팀
펴낸곳	도서출판 좋은땅
주소	서울특별시 마포구 양화로12길 26 지월드빌딩 (서교동 395-7)
전화	02)374-8616~7
팩스	02)374-8614
이메일	gworldbook@naver.com
홈페이지	www.g-world.co.kr

ISBN 979-11-388-4613-4 (03300)

- 가격은 뒤표지에 있습니다.
- 이 책은 저작권법에 의하여 보호를 받는 저작물이므로 무단 전재와 복제를 금합니다.
- 파본은 구입하신 서점에서 교환해 드립니다.